JN440977

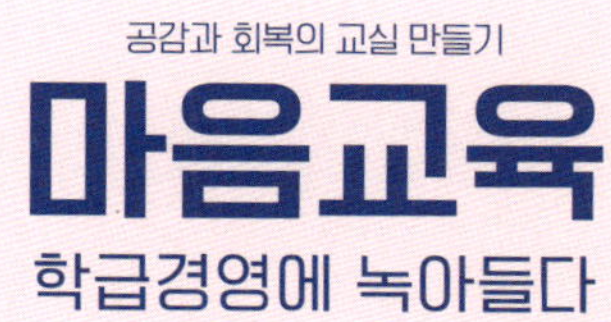
공감과 회복의 교실 만들기
마음교육
학급경영에 녹아들다

마음교육 학급경영에 녹아들다

발행일 2026년 1월 28 일

지은이 | 이규배 · 김은진 · 박민영
발행인 | 한향희
발행처 | 도서출판 빨강머리앤
출판등록 | 제25100-2005-28호
주소 | 대구광역시 달서구 문화회관길 165, 대구출판산업지원센터 411호
전화 | (053) 257-6754
팩스 | (053) 257-6754
이메일 | sjsj6754@naver.com

ⓒ 이규배 김은진 박민영, 2026

*이 책은 저작권법에 따라 보호받는 저작물이므로 무단복제를 금합니다.
*이 책 내용의 전부 또는 일부를 이용하려면 반드시 저작권자와 빨강머리 앤의 서면 동의를 받아야 합니다.

공감과 회복의 교실 만들기

마음교육

학급경영에 녹아들다

이규배 김은진 박민영 지음

프롤로그

마음을 가르친다는 것, 함께 살아간다는 것

오늘날 대한민국의 교실은 겉으로 보기에 여전히 활기차 보입니다. 아이들은 웃고 떠들며 친구들과 어울리는 듯하지만, 조금만 가까이 들여다보면 그 이면에 드리워진 '고립된 마음'의 그림자를 쉽게 발견할 수 있습니다. 등하교 때만 보아도 아이들은 각자의 세계에 갇힌 채 스마트폰 화면을 응시합니다. 친구와 갈등이 생기면 대화를 통해 풀기보다는 관계를 끊거나 절교하는 방식으로 문제를 해결하려 하기도 합니다. 작은 자극에도 감정을 조절하지 못해 큰소리를 내거나 폭력을 행사하는 모습 역시 이제 교실에서 낯설지 않습니다.

이러한 모습은 단순히 개인의 성격 문제로만 치부할 수 없습니다. 빠르게 변화하는 사회 환경과 경쟁 중심의 교육 구조, 여기에 인공지능(AI) 시대로 대표되는 급격한 변화가 더해지며 사회적 고립은 더욱 심화되고 있습니다. 더 큰 문제는 정서조절의 어려움이 학업 부진, 학교폭력, 나아가 극단적 선택과 같은 더 심각한 문제로 이어질 수 있다는 점입니다.

이제 우리의 교실은 지식만을 가르치는 공간을 넘어, 아이들이 자기 마음을 이해하고 조절하며 타인과 건강하게 관계 맺는 법을 배우는 '삶의 배움터'가 되어야 합니다.

사실 교육 현장에서도 이미 '인성교육', '정서 지원', '사회정서학습(SEL)'이라는 이름으로 다양한 사회정서 프로그램이 각 시도교육청 정책 아래 꾸준히 운영되어 왔습니다. 교과와 연계한 인성교육, 상담 활동, 어울림 프로그램, 공교육 차원의 다양한 프로젝트들이 그 예입니다. 그럼에도 불구하고 교실 안에서 교사들이 체감하는 변화가 기대만큼 크지 않는 이유는 무엇일까요?

그 이유를 다음과 같이 몇 가지로 정리해 볼 수 있습니다.

첫째, 단편적이고 행정 중심적인 접근입니다. 하루이틀의 캠페인이나 일회성 프로그램만으로는 아이들의 내면에 깊은 변화를 끌어내기 어렵습니다. 아이들의 정서 발달은 '지속적인 경험'과 '안정적인 관계' 속에서 형성되기 때문입니다.

둘째, 교사들에게 집중되는 과도한 부담입니다. 교사는 교과 수업은 물론 생활지도, 각종 행정업무까지 감당해야 합니다. 마음교육의 중요성을 충분히 인식하고 있음에도, 이를 꾸준히 실천할 시간과 에너지를 확보하기는 현실적으로 쉽지 않습니다. 마음교육은 별도로 '추가되는 업무'가 아니라 학급경영과 수업 속에 자연스럽게 스며들어야 합니다. 그러나 현재의 수업 편제와 제도적 구조 속에서는 이러한 통합적 운영이 쉽지 않은 것이 사실입니다.

셋째, 아이들의 주도성과 참여가 충분히 보장되지 않는 방식의 운영입니다. 마음교육은 교육 당국이나 교사의 지도하에 이루어지는 지식교육이 아닙니다. 아이 스스로 자기 마음을 알아차리고 표현하며,

서로의 경험을 존중하는 과정을 관계 속에서 반복해 나갈 때 비로소 가능해집니다. 그러나 현실은 여전히 '가르치는 방식'에 치우쳐 있고, 아이들은 '배워야 하는 대상'으로 머무르는 경우가 많습니다.

학습에서 자기주도성이 중요하듯, 마음교육 역시 아이가 주도성을 가진 존재로 자라도록 도울 때 회복적 탄력성이 길러지고 자존감 또한 높아집니다.

이러한 한계를 극복하지 못한다면, 마음교육은 결국 형식적인 교육정책에 머무를 수밖에 없습니다. 지금 우리에게 필요한 것은 교사와 아이가 함께 성장하는, 살아 있는 마음교육입니다. 아이가 주도적으로 참여하고, 교실이라는 삶의 현장에서 살아가며 적용하는 실제적 마음교육입니다.

이 책은 바로 그 지점에서 출발했습니다. 이 시대를 살아가는 아이들이 스스로 계획하고 참여할 수 있는 마음교육, 그리고 학급경영 안에 자연스럽게 녹아드는 실천의 길을 함께 찾고자 합니다. 교사는 교실에서 무엇에 초점을 두고 어떻게 실천해야 하는지, 아이는 자기 자신을 이해하고 관계 속에서 어떤 힘을 길러갈 수 있는지를 담아내고자 했습니다.

이 책이 교사에게 '실질적인 길라잡이'가 되기를 바랍니다.

'마음을 돌보아야 한다.' '감정 조절은 이렇게 해야 한다.'라는 원론을 넘어, 수업 시간과 학급경영의 과정, 아이들과의 일상적 대화 속에서 어떤 태도와 전략을 가질 수 있는지를 구체적으로 제시하고자 합니다. 감정을 인식하고 언어로 표현하는 방법, 갈등 상황에서 아이들과 함께 해법을 찾아가는 방법, 학급 공동체 안에서 서로의 마음을 존중하는 문화를 세우는 방법을 '관계적 실효성'의 관점에서 안내하려 합니다.

그렇다면 과거의 아이들은 마음교육을 따로 배웠을까요?

잠시 30~40년 전으로 돌아가 보면, 아이들은 놀이터에서, 시장에서, 혹은 낯선 사람과의 만남 속에서 자연스럽게 관계를 배웠습니다. 먼 친척을 만나는 자리에서도 '사람을 어떻게 대해야 하는지', '갈등 상황은 어떻게 풀어가야 하는지'를 공동체 안에서 익혔습니다. 이런 관계 상황과 만남의 경험이 자연스럽게 이뤄지다 보니 지금처럼 '고립된 마음'이 두드러지게 드러날 여지는 상대적으로 적었습니다.

그러나 지금은 다릅니다. 가만히 있어도 관계가 이어지는 시대가 아니라, 의식적으로 노력하지 않으면 쉽게 고립되는 시대입니다. 아이들은 SNS를 통해 즉각적인 상대의 반응을 경험하지만, 관계를 끊는 것 또한 매우 빠르고 간편합니다. 그 결과 아이들은 관계 속에서 쉽게 혼자가 되기도 합니다.

이럴수록 아이들에게는 '자기 고립의 세계'에서 벗어나는 힘이 필요합니다. 자기 이해와 자기 주도성을 길러 스스로 자립할 수 있도록 돕고 회복적 탄력성을 길러주는 데 초점을 맞추어야 합니다. 내가 어떤 감정을 느끼고 있는지, 왜 그런 반응을 하는지 스스로 알아차릴 때 비로소 감정의 주인이 될 수 있습니다. 또한 자기 이해를 바탕으로 타인의 마음에 공감할 수 있을 때, 고립이 아닌 관계를 이어 나가보려는 방향으로 한 걸음 더 나아갈 수 있습니다. 결국 마음교육은 아이들이 주체적으로 자신과 주변을 변화시켜 가는 힘을 기르는 과정입니다.

이 책을 읽는 교사와 교실에서 마음교육을 경험하게 될 아이들에게 마지막 장을 덮을 때 각자의 마음에 남기를 바라는 한 가지 기대가 있습니다. 교사에게는 '마음을 가르친다는 것은 곧 삶을 가르치는 일'이라는 확신이 자리 잡기를, 아이들에게는 '내 마음을 이해하는 것은 곧 나를 사랑하는 첫걸음이며, 동시에 다른 사람과 함께 살아가는 힘'이라는 깨달음이 남기를 바랍니다.

우리의 교실이 지식을 확인하고 인정받는 공간을 넘어, 서로의 마음을 돌보고 함께 성장하는 작은 공동체가 된다면, 대한민국 교육은 분명 한 단계 더 성숙해질 수 있을 것입니다.

그 길은 멀고도 더딜지 모릅니다. 하지만 매일 아이들과 눈을 맞추고 마음을 나누는 교사의 작은 실천에서 변화는 언제나 시작됩니다.

이 책은 완성된 답안지가 아닙니다. 오히려 교사와 아이, 학부모, 그리고 우리 모두가 함께 풀어가야 할 질문지를 담고 있습니다. 마음 교육은 정해진 정답이 있는 학문이 아니라, 살아 있는 삶을 함께 배우고 익히는 과정이기 때문입니다.

이 책을 읽으며, 독자 여러분이 교실과 삶 속에서 작은 변화를 시도해 주시기 바랍니다. 그 작은 실천 하나가 아이들의 마음을 열고, 관계의 문을 열며, 더 나은 공동체를 만드는 씨앗이 될 것입니다. 저는 그 길을 함께 걷는 동반자로서, 또 한 명의 교사로서 여러분께 이 책을 건넵니다.

"아이들의 마음을 이해하는 순간, 우리는 이미 더 나은 교육의 길 위에 서 있습니다."

무엇보다 어려운 대한민국의 현실 속에서도 '교육'이라는 고귀한 일을 함께 이어가는 동료 선생님들의 마음과 함께하며 응원하겠습니다.

2026년 1월

이규배, 김은진, 박민영

모소 대나무

퀀텀 리프(Quantum Leap; 양자도약)

중국 극동지방에서만 자란다고 하는 희귀종 '모소 대나무', 그곳의 농부들은 여느 일상을 맞이하듯 씨앗을 이곳저곳 뿌려놓고 매일 정성 들여 키웁니다. 외부에서 봤을 때, 씨앗에서 싹이 트고 수년 동안 온 정성을 다하는 농부들의 노력은 참으로 쓸데없어 보입니다. 왜냐하면 모소 대나무는 4년이라는 시간이 흘러도 고작 3cm밖에 자라지 못하기 때문입니다.

타지방 사람들이 그곳을 지나칠 때면 도무지 이해하지 못하다며 고개를 젓습니다. 이런 반응에 비웃기라도 하듯 모소 대나무는 5년쯤 해부터 하루에 적게는 30cm 많게는 1m가 넘게 자라기 시작합니다. 그렇게 6주쯤 되면 20m 이상 자라게 되고 처음 농부들이 씨앗을 뿌렸던 그곳은 순식간에 빽빽하고 울창한 대나무 숲이 됩니다. 4년 동안 단 3cm의 성장에 불과했던 모소 대나무는 5년 후부터는 그야말로 폭발적인 성장을 하게 되는 것입니다.

얼핏 보기에 6주 만에 놀라운 일이 벌어진 것 같지만, 보이지 않는 5년간의 뿌리 내림이 있었던 것입니다. 일반적인 대나무의 경우에는 1년에 대부분 다 성장을 하는데, 이런 보편적 기준으로 모소 대나무를 이해하려 한다면 도저히 이해할 수 없는 현상인 것입니다.

목 차

프롤로그_ 마음을 가르친다는 것, 함께 살아간다는 것

<생각이 남는 이야기> 모소 대나무_ 퀀텀 리프

Part 1. 마음교육의 이해

1장. 마음교육, 왜 지금 필요한가? 16

1. 청소년 마음건강의 현주소 16
2. 스트레스·우울·불안의 증가와 교육적 대응 17
3. 인공지능 시대의 '사람다움' 교육 21

<생각이 남는 이야기> 무릎 꿇은 소나무

2장. 2022 개정교육과정 속 마음교육의 위치 25

1. 2022 개정 교육과정의 핵심 역량 25
2. 마음교육과 인성교육·심리교육의 차이 27
3. 학년군별 마음교육 운영 가이드라인 31

<생각이 남는 이야기> 여우와 신포도, 르상티망

3장. 마음교육의 핵심 가치 33

1. 자기 인식(자기 이해와 성찰) 33
2. 자기 관리(자기조절과 회복탄력성) 34
3. 사회적 인식(공감과 타인 이해) 35

4. 관계관리(건강한 관계 형성) 36
5. 책임 있는 의사결정 37
6. 마음건강(웰빙과 행복) 38
<생각이 남는 이야기> 프로크루스테스의 침대

4장. 세계 속의 마음교육 사례 들여다보기 42
1. 미국의 마음교육, SEL의 길 42
2. 영국의 마음교육, '웰빙'과 '시민성'을 함께 키우다 49
3. 호주의 마음교육, '회복탄력성'을 기르다 53
4. 싱가포르의 마음교육, '국민 정체성과 회복탄력성을 세우는 SEL' 57
5. 핀란드의 마음교육, '행복과 배움이 공존하는 교실 61
6. 일본의 마음교육, '조화와 배려를 배우는 교실 65
7. 인도의 마음교육, '지혜와 평온을 가르치는 교실' 70
8. 국가별 마음교육 비교 74
<생각이 남는 이야기> 가르칠 수 있는 용기

Part 2. 마음교육 수업 설계와 운영

5장. 교실 속 마음교육 환경 만들기 82
1. 심리적으로 안정감을 주는 환경 85
가. 물리적 환경 구성 86
나. 공간 배치 및 따뜻한 분위기 95
2. 교사- 학생 관계적 환경 조성 96
가. 나와 마음 이야기 나누기 96
나. 친구와 마음 이야기 나누기 98
다. 선생님과 마음 약속하기 108

6장. 마음교육 수업 설계 방법 115
1. 연간 · 월간·차시별 계획 세우기 117
2. 4주 마음교육 프로젝트 설계 시트 121
<생각이 남는 이야기> 거울 뉴런

7장. 대화·피드백 기술 128
1. 마음을 여는 질문법 5가지 128
가. 감정 탐색형 질문 128
나. 공감 확장형 질문 130
다. 자기 인식형 질문 131
라. 관계 회복형 질문 132
마. 성장 확신형 질문 134
2. 경청의 기술 : 마음을 담아 듣는 법 135
<생각이 남는 이야기> 붉은 여왕 가설과 도도새 이야기

Part 3. 마음교육 활동 레시피

8장. 교실에서 실천하는 마음교육 142
1. 자기 인식 142
2. 자기 관리 148
3. 사회 인식 157
4. 관계 관리 165
5. 책임 있는 의사 결정 172
6. 마음건강 177

Part 4. 교실 속 마음교육 이야기

[이야기 1] 가을에 심은 나무는 소리 없이 자란다 184
– 애물단지가 보물단지가 되기까지

[이야기 2] 녹음기 너머에 숨겨진 상처 186
– 불신의 벽을 허문 3분의 기다림

[이야기 3] 영원한 겨울로 떠난 어린 꽃 188
– 어느 소망이 남긴 뼈아픈 약속

[이야기 4] 조립된 마음의 조각들 190
– '부적응'이라는 편견을 넘어선 동행

[이야기 5] 뉴스 속의 '교실 난동' 사건 192
– 진심 어린 '사과'가 되기까지

[이야기 6] 폭풍우가 남긴 단단한 뿌리 194
– 시련 속에 증명된 진심의 힘

[이야기 7] 빨간 볼펜의 비명에서 행복한 책상까지 196
– 마음을 닦아내는 기다림

에필로그

참고문헌

Part 1

마음교육의 이해

1장. 마음교육, 왜 지금 필요한가?

1. 청소년 마음건강의 현주소

청소년의 마음건강 문제는 이미 '개인의 어려움'을 넘어, 사회 구조가 함께 책임져야 할 과제로 드러나고 있습니다. 2023년 보건복지부 자료 「고립 · 은둔 청년 실태 조사」에 따르면, 청년층 가운데 약 5%(약 54만 명)가 사회적 관계가 거의 없는 고립 · 은둔 생활을 하고 있는 것으로 나타났습니다. 이는 청소년기에 형성된 고립과 정서적 단절이 성인기까지 이어질 수 있음을 보여주는 분명한 경고입니다.

학교 현장에서 체감하는 위기 역시 뚜렷합니다. 상당수의 청소년이 일상적인 스트레스를 '많이 느낀다.'라고 응답하고 있으며, 스트레스 인지율은 약 40% 안팎에 이릅니다. 우울감 또한 가볍지 않습니다. 최근 1년 사이 2주 이상 일상생활이 어려울 정도의 슬픔이나 절망을 경험한 비율은 남학생과 여학생 모두에서 의미 있는 수준으로 보고되고 있습니다. (대한민국 정책브리핑, 2024.3.28.)

디지털 환경은 이러한 흐름을 더 가속합니다. 스마트폰 과의존 위험군도 중학생 41.7%, 고등학생 41.4%로 매우 높은 수준입니다. 아이들은 온라인에서 늘 연결되어 있지만, 정작 교실과 일상에서 마주하는 관계는 점점 얇아지고 있습니다.

더 심각한 문제는 '관계의 회복 경험'이 사라지고 있다는 점입니다. 사소한 말 한마디나 온라인에서의 가벼운 장난이 깊은 상처로 이어지지만, 아이들은 상처를 회복하는 방법을 충분히 배우지 못한 채 회피하거나 포기를 선택하곤 합니다. 학교폭력으로 드러난 사건들만이 전부가 아닙니다. 눈에 보이지 않는 수많은 정서적 단절이 아이들의 마음건강을 조용히 잠식하고 있습니다.

연구 결과는 분명한 방향을 제시합니다. 사회정서학습(SEL)을 체계적으로 경험한 아이들은 문제행동이 감소하고, 학업 성취와 적응이 향상되는 경향이 보고됩니다(국내 사회정서학습 프로그램 효과에 관한 메타분석, 2022).

마음교육은 개인의 성장을 넘어, 아이 한 사람의 삶을 지키는 동시에, 공동체 전체의 건강성을 지키는 교육입니다.

2. 스트레스·우울·불안의 증가와 교육적 대응

아이들은 이미 수치로 도움을 요청하고 있습니다. 2024년 「청소년건강행태조사」에 따르면 중1~고3 아이의 스트레스 인지율은 42.3%로, 전년 대비 5% 급증했습니다. 이는 조사 결과 가운데서도 전년도 대비 악화 폭이 큰 수준으로 보고되었습니다. 우울감 지표도 나빠졌습니다. 같은 조사에서 우울감 경험률은 남학생 23.1%, 여학생 32.5%로 전년 대비 남녀 모두 증가했습니다. 불안 역시 상승 흐름을 보이고 있습니다.

이러한 상황에서 필요한 대응은 단발적인 처방이 아니라, 교실의 일상에서 감정을 알아차리고 대화로 풀며 관계를 회복하는 경험을 지속해서 쌓아 가는 마음교육입니다.

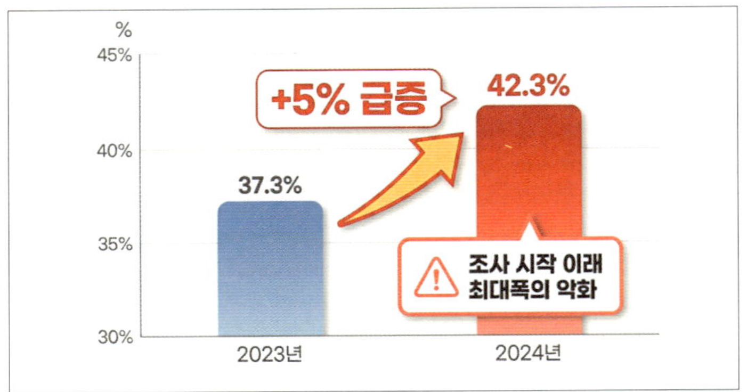

[청소년의 스트레스 인지율 급증]

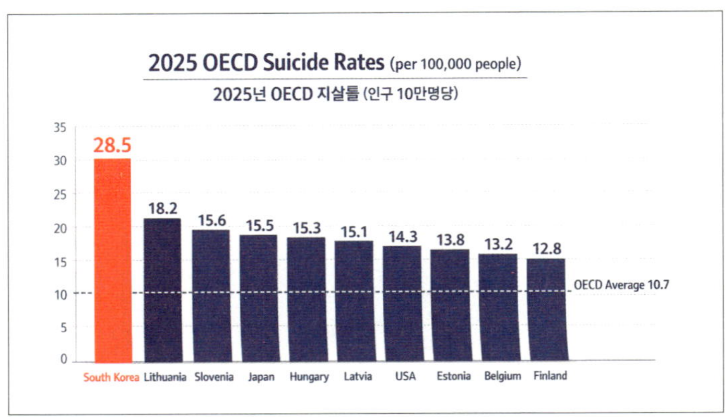

[OECD 국가별 자살률(인구 10만 명 기준)]

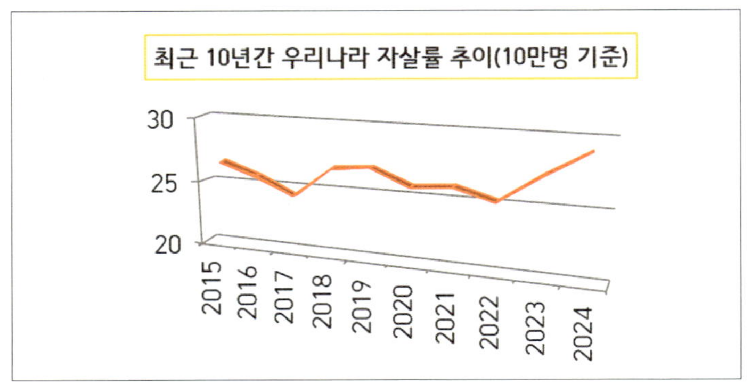

더 넓게 보면 우리 사회 전체의 정신건강 지표도 뚜렷하게 악화되었습니다. 보건복지부(국립정신건강복지센터)가 2024년에 발표한 조사에 따르면, 성인이 지난 1년간 정신건강 문제를 경험했다는 응답은 73.6%였고, '심각한 스트레스' 46.3%, '수일간 지속되는 우울감' 40.2%로 2022년 대비 크게 증가했습니다. 비록 성인 대상 조사이지만, 가정과 지역사회의 정서 기후가 아이들에게 고스란히 전이된다는 점에서 교육 현장 역시 결코 예외일 수 없습니다.

더욱 심각한 것은 '생명 지표'에서 확인됩니다. 국내 사망원인 통계 기준 우리나라 자살률은 2025년 인구 10만 명당 28.5명으로 높은 수준을 보이며, OECD 비교 지표에서도 한국의 자살률은 평균의 두 배 안팎으로 최상위권에 위치합니다.[1] 특히 10대(10~19세) 자살률은 2023년 10만 명당 7.9명으로 '역대 최고치'를 기록했습니다.[2]

이는 학업 · 관계 · 장래에 대한 불안이 겹겹이 누적될 때, 개별 상담이나 단발성 처방만으로는 충분하지 않다는 사실을 분명히 말해줍니다.

그렇다면 왜 스트레스·우울·불안은 늘어날까요?

첫째, 아이들의 하루는 '회복의 시간'이 부족합니다. 초록우산의 생활시간조사에 따르면 아동 · 청소년의 하루 평균 수면시간은 7시간 59분으로 권장치에 미달하며, 2021년보다 15분 줄어든 것으로 나타

1) 자료 : 국가데이터처, 「사망원인통계」 각 연도, 행정안전부, 「주민등록인구현황」 각 연도
2) 2025 국가 자살예방 전략, 보건복지부

났습니다. 수면은 단순한 휴식이 아니라 정서조절과 실행 기능을 떠받치는 기반입니다. 잠이 부족할수록 불안과 우울, 충동적 반응과 문제행동의 위험은 높아질 수밖에 없습니다.

둘째, 수면을 흔드는 가장 큰 요인은 '디지털 몰입'입니다. 2024년 정부의 공식 통계에 따르면 스마트폰 과의존 위험군은 전체 22.9%이며, 청소년(만 10~19세)은 42.6%로 가장 높았고 전년 대비 2.5% 증가했습니다.[3] 문제는 사용 시간이 늘어나는 것만이 아닙니다. 자기조절 저하, 수면 지연, 온라인 관계 갈등이 동반될 때 학교생활 스트레스가 쉽게 누적됩니다.

셋째, 팬데믹 동안 흔들린 또래 관계와 학습 습관, 정서 기술이 완전히 회복되지 못했습니다. 등교가 정상화된 이후에도 교실 내 갈등과 정서적 탈진이 잦다는 현장 보고가 이어지고 있으며, 질병관리청 자료 역시 청소년 스트레스 지표가 팬데믹 전후로 달라진 양상을 분석해 제시합니다.

이 문제를 '상담 · 치료'에만 의존하는 방식 역시 한계를 지닙니다. 전문기관 연계는 중요하지만, 대다수 아이는 경증에서 중등도의 스트레스를 안고 매일 교실에서 생활합니다. 모든 아이에게 지속적인 상담을 제공하는 방식만으로는 교실의 일상적 어려움을 감당하기 어렵습니다. 결국 학급경영과 수업 속에서 정서 · 관계 역량을 직접 길러주는 보편적 접근이 필요합니다.

그래서 학교 폭력 · 사이버 갈등 · 은둔 같은 문제를 '관계 관리' 관점에서 다시 볼 필요가 있습니다. 학급경영과 연계한 회복적 대화, 역

---

3) 2024 스마트폰 과의존 실태 조사 본 보고서

할극, 동료 피드백 같은 상호작용을 학급의 일상적 루틴으로 설계할 때 '관계의 질'은 달라지고, 그 변화는 스트레스와 우울을 낮추는 토대가 됩니다.

최근 교육정책 역시 '교실 단위의 변화'를 강조하고 있습니다. 교육부가 2024년부터 '교실 혁명' 추진과 함께 선도 교사 모집 및 양성 등 교사 역량 강화 체계를 마련한 것은, 교실 단위의 지속 가능한 변화를 뒷받침하려는 흐름으로 읽을 수 있습니다.

결국 지금 필요한 것은 매시간 10분이라도 지속되는 루틴과 교육과정 속 작은 설계 변화입니다. 그리고 그 변화를 설계하고 지속시킬 수 있는 가장 강력한 전문가는, 교실 한가운데에 서 있는 교사입니다.

3. 인공지능 시대의 '사람다움' 교육

인공지능(AI)이 급속도로 발전하는 지금, 우리는 기술의 혜택과 함께 인간의 역할과 정체성에 관한 질문 앞에 서 있습니다. 인공지능(AI)는 학습과 문제 해결, 언어 이해는 물론 창작의 영역까지 빠르게 확장하고 있습니다. 그럼에도 결코 대체될 수 없는 영역이 있습니다. 감정을 다루는 힘, 타인을 향한 공감, 도덕적 판단, 관계를 맺고 회복하는 능력, 바로 '사람다움'이라 부르는 인간 고유의 역량입니다.

마음교육은 아이가 자기 인식을 바탕으로 감정을 알아차리고 조절하며, 타인의 감정을 이해하고 공감하며, 건강한 관계를 맺고, 나아가 책임 있는 의사결정을 하도록 돕는 교육입니다. 이는 곧 인공지능 시대에 더욱 선명해지는 '사람다움'의 핵심과 맞닿아 있습니다.

예를 들어, 인공지능은 문제를 주로 '효율성'의 관점에서 풀어내고 제시합니다. 반면 인간은 그 해결이 누군가에게 어떤 의미와 영향을 미치는지, 무엇이 공정하고 배려하는 결정인지를 함께 고려합니다. 인공지능(AI)가 감정을 모방할 수는 있어도, 관계의 맥락을 읽고 진정성 있게 공감하며 책임지는 위로를 대신할 수는 없습니다. 그래서 교실 속 마음교육은 아이들이 기술 중심 사회 속에서도 자기 존재의 가치를 지키고 타인과 더불어 살아갈 힘을 기르는 토대가 됩니다.

국제적 논의 역시 같은 방향을 가리킵니다. OECD의 『OECD Learning Compass 2030』[4]은, 미래 사회가 요구하는 역량을 단순한 지식과 기술의 축적이 아니라 새로운 가치 창출, 딜레마 조정, 책임 있는 행동, 협력, 회복탄력성, 공감과 같은 사회 정서적 역량으로 제시합니다. 다시 말해 마음교육은 '미래 인재 교육'의 필수 조건이면서, 동시에 인간다움을 회복하는 교육적 대안입니다.

오늘날 아이들은 인공지능(AI) 기술과 디지털 미디어 환경 속에서 성장하며, 관계의 어려움과 정체성 혼란, 고립을 동시에 경험하기도 합니다. 온라인 소통이 늘어날수록 역설적으로 정서적 단절이 깊어지는 현실에서, 2022 개정 교육과정이 강조하는 '배려와 존중, 협력의 학습 공동체'는 이 문제를 극복하기 위한 교육적 의지를 담고 있습니다.

4) OECD. Transformative Competencies for 2030: OECD Future of Education and Skills 2030 – Conceptual Learning Framework. OECD Publishing, 201

사람다움 교육은 구체적으로 다음과 같은 점에서 필요합니다.

- 자기 정체성 확립 : 인공지능(AI)와 경쟁하는 존재가 아니라, 인간만의 고유한 가치를 이해하고 자신을 존중하는 힘을 기릅니다.
- 공감과 협력 : 타인의 마음을 이해하고, 공동체 안에서 더불어 살아가는 관계 역량을 키웁니다.
- 윤리적 판단 : 기술이 대신할 수 없는 도덕적 기준과 사회적 책임을 배우고 실천합니다.
- 창의적 감성 : 심미적 감성과 상상력을 통해 삶의 의미를 확장하고 인간다움을 표현합니다.

이 과정에서 교사의 역할은 학업 성취를 넘어섭니다. 협력 활동, 감정 나누기 대화, 갈등 해결 연습은 아이들이 관계 속에서 배우고 성장하도록 돕는 중요한 실천입니다. 더 나아가 교사가 '인공지능 시대에 나는 어떤 사람으로 살아가고 싶은가?'라는 질문을 함께 나누는 것만으로도, 아이들은 자기 삶의 방향을 성찰하기 시작합니다. 이러한 성찰은 기술의 속도에 휩쓸리지 않고 인간다운 선택을 가능하게 하는 힘이 됩니다.

인공지능(AI) 시대의 교육은 '미래형 기술 인재'를 길러내는 데서 멈춰서는 안 됩니다. 인간만의 고유한 힘, 즉 '사람다움'을 기르는 일이 교육의 중심이 되어야 합니다. 마음교육은 그 방향을 교실의 언어와 관계, 일상의 루틴 속에서 구현하는 구체적 실천입니다. 이것이야말로 인공지능(AI) 시대에도 흔들리지 않는 교육의 본질이며, 우리가 끝까지 지켜내야 할 인간다움의 길입니다.

무릎 꿇은 나무

캐나다 로키산맥의 수목한계선에는 무릎 꿇은 나무라는 특이한 형태의 나무가 자랍니다.

해발 3,000~3,500m 지점인 이곳은 바람이 매섭고, 눈보라가 거세며 강우량도 적습니다. 이런 혹독한 환경을 극복하고 살아남기 위해 나무는 성장을 멈추다시피 하고, 마치 무릎을 꿇고 있는 모습으로 비틀어 낮게 웅크립니다.

키는 작고 굵으며 형태도 뒤틀려 목재로 쓰기에도 매력적이지 않아 목공소에서도 선뜻 찾지 않고, 꽃이나 잎도 풍성하게 피우지 못해 초식동물들조차 관심을 두지 않습니다.

그런데 놀랍게도, 바로 그 나무가 세상에서 가장 아름다운 울림의 소리를 만들어 냅니다. 휘어지고 뒤틀려 볼품없어 보이는 나무가 최고의 공명을 만들어, 명품 바이올린의 재료로 선택되는 것입니다. 로키산맥 자락에서 무릎 꿇은 채 자라는 나무가 세계 최고의 오페라 하우스에서 수많은 사람의 감동과 눈물을 자아냅니다. 세상에 쓸모없는 사람이 없듯, 세상에 쓸모없는 존재도 없습니다. 하찮고 불필요해 보이는 것처럼 보일지라도 그 안에는 저마다의 자리와 의미가 있습니다. 밝은 눈을 가진 사람이라면, 겉으로 드러난 모양 너머에 숨은 가치를 발견할 수 있을 것입니다.

2장. 2022 개정 교육과정 속 마음교육의 위치

1. 2022 개정 교육과정의 핵심 역량

2022 개정 교육과정은 미래 사회의 불확실성 속에서도 포용성과 창의성을 갖춘 주도적인 사람으로 성장하도록 돕는다는 방향을 분명히 합니다. 여기서 핵심은 지식 습득을 넘어, 자기 삶을 스스로 이끌고, 타인과 더불어 살아가며, 공동체 안에서 책임 있게 선택하는 힘까지 함께 기르는 데 있습니다.

인공지능이 아무리 발전하더라도 공감, 윤리적 판단, 관계를 맺고 회복하는 능력과 같은 인간 고유의 영역은 기술로 '대체'하기보다 교육을 통해 '길러야'할 역량입니다. 따라서 '사람다움 교육'은 도덕적 가치를 말로 가르치는 수준을 넘어, 아이가 자기 이해를 바탕으로 정서를 조절하고 관계 속에서 협력하며 공동체에 참여하는 사회 정서적 역량을 키우는 교육이라 할 수 있습니다.

특히 2022 개정 교육과정에서 제시하는 핵심 역량 가운데 '공동체 역량', '자기 관리 역량', '심미적 감성 역량'은 사람이 사람답게 살아가는 힘을 교육의 중심에 두고 있음을 보여줍니다.

이런 점에서 마음교육(사회정서학습, SEL)은 교육과정의 바깥에서 덧붙이는 활동이 아니라, 교육과정이 지향하는 핵심 역량을 교실의 일상에서 실현하게 하는 중요한 경로가 됩니다.

1. 인간상

자기주도적인 사람 – 창의적인 사람 – 교양 있는 사람 – 더불어 사는 사람

2. 핵심역량

자기관리 역량	지식정보처리 역량	창의적 사고 역량
심미적 감성 역량	협력적 소통 역량	공동체 역량

3. 미래 사회의 불확실성에 대응할 수 있는 역량 함양

자신의 학습과 삶을 주도할 수 있는 능력 함양	언어·수리력, 디지털·인공 지능 기초 소양 함양	협력과 공동체 의식 함양

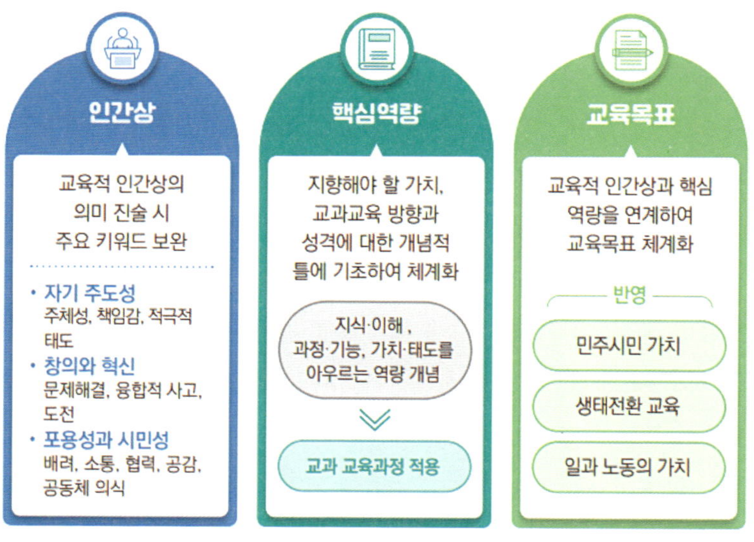

[2022 개정 교육과정 미래사회 대비 교육 방향, 출처: 교육부 홍보 리플릿]

2. 마음교육과 인성교육·심리교육의 차이

우리가 아이들을 가르치고 이끌어가는 과정에서 '마음교육', '인성교육', 그리고 '심리교육'이라는 말을 자주 사용합니다. 세 용어는 서로 닮아 보이지만 교육이 바라보는 관점과 강조점, 그리고 교실에서의 접근 방식에는 분명한 차이가 있습니다. 이 차이를 분명히 이해할수록 교사는 상황에 맞는 지원을 선택할 수 있고, 아이들에게도 더 적절한 지원을 제공할 수 있습니다.

먼저 마음교육, 즉 사회정서학습(SEL)은 아이가 자기 마음을 알아차리고 조절하며, 타인과 건강한 관계를 맺고, 공동체 안에서 책임 있는 행동을 할 수 있도록 돕는 교육입니다. 핵심은 옳은 행동을 외우게 하는 데 있지 않습니다. 아이가 스스로 자신의 감정과 욕구를 이해하고 관계 속에서 실제로 사용할 수 있는 기술을 익히게 하는 데 있습니다. 예를 들어 교실에서 이루어지는 감정 코칭, 또래 갈등 해결 대화, 자기 성찰 활동, 협력 루틴 등이 대표적인 예입니다.

반면 인성교육은 더 전통적이고 규범적인 차원을 강조합니다. 사회가 바람직하다고 여기는 가치와 덕목을 아이들이 내면화하고 실천하도록 이끄는 교육입니다. 예를 들어, 정직, 배려, 책임감, 협동 같은 덕목이 중심이 되며 '어떤 사람이 되어야 하는가?'라는 질문에 답하는 성격이 강합니다. 따라서 인성교육은 가치교육, 도덕교육, 윤리교육과 맞닿아 있으며, 공동체가 지켜 온 기준과 규범을 삶 속에서 실천하도록 돕는 데 초점을 둡니다.

한편, 심리교육은 아이의 정서적 · 정신적 건강을 예방하고 회복하는데 무게를 둡니다. 스트레스, 불안, 우울과 같은 어려움을 이해하고 완화하는 방법을 배우도록 하며, 심리검사나 상담 기법을 활용한 정서조절 훈련, 마음챙김, 회복탄력성 프로그램, 상담 및 전문기관 연계가 포함될 수 있습니다. 성격상 '치유'와 '안정'에 더 가깝고, 개인의 내면을 건강하게 지탱하도록 돕는 기능을 합니다.

이 구분은 실제 생활지도에서 특히 유용합니다. 예를 들어 한 아이가 반복적으로 짜증을 내고 친구와 갈등을 겪는다면,

- 마음교육은 '지금 내 감정은 무엇인지, 그 감정 뒤에 어떤 욕구가 있는지'를 말로 표현하게 하고, 상대의 마음을 읽으며 관계 회복의 대화를 연습하도록 돕습니다.
- 인성교육은 '상호 존중'과 '배려'라는 가치가 실제 상황에서 어떤 선택으로 나타나야 하는지 되짚고, 공동체의 약속과 규범으로 연결합니다.
- 심리교육은 그 행동 뒤에 숨은 불안, 수면 부족, 가정 스트레스 같은 요인을 살피며, 필요할 경우 상담 · 전문 지원을 연계합니다.

결국 마음교육 · 인성교육 · 심리교육은 서로 경쟁하는 개념이 아니라, 아이 성장을 떠받치는 상호보완적 세 축입니다. 마음교육은 관계와 정서의 '실행 기술'을 길러주고, 인성교육은 그 기술이 향해야 할 '가치의 방향'을 세워 주며, 심리교육은 아이가 흔들릴 때 다시 설 수 있도록 '내면의 안전망'을 마련해 줍니다. 이 셋이 균형 있게 작동할

때 아이들은 지식을 배우는 것을 넘어, 건강한 사람으로, 따뜻한 친구로, 회복력 있는 세계 시민으로 성장할 수 있습니다.

마음교육, 인성교육, 심리교육의 차이점

구분	마음교육(SEL)	인성교육	심리교육
목표	관계 · 정서 역량 (competency) 습득	덕목 · 가치 내면화	증상 완화 · 대처 능력 향상
초점	감정 · 관계기술	가치 덕목 내면화	정서 건강 예방과 회복
중심 질문	내 마음을 어떻게 다루고 관계를 어떻게 회복할까?	나는 어떤 사람으로 살아가야 할까?	내 마음을 어떻게 건강하게 지킬까?
대상	보편적(전교 · 전 학급)	전교적 문화(전원)	보편+선별(필요군 집중)
내용	자기인식, 자기관리, 사회적 인식, 관계 관리, 책임결정, 행복과 웰빙	존중 · 책임 · 배려 · 정직 · 시민성, 공동체 규범	스트레스 · 불안 · 우울이해, 사고–감정–행동 연결, 수면 · 호흡 · 인지재구성
교실에서의 방법	감정의 언어화, 회복적 대화, 또래갈등 조정, 협력루틴	존중 배려 책임의 의미 토의, 실천약속, 도덕적 판단 활동	스트레스 대처법, 마음챙김, 상담연계, 위기 지원
평가	행동 루브릭 (예 : 'I–메시지로 반박하기'), 협력지표, 학급기후	규범 준수 · 봉사 · 태도 변화, 학교문화 지표	증상 · 스트레스 지표 (자가 보고), 기술 사용 빈도
시간관	일상 루틴화	장기적 내면화 (문화 · 관계)	단기간 · 필요 시 집중
교사 역할	코치(연습 설계 · 피드백)	모델(가치 본보기 · 문화설계자)	교육자+퍼실리테이터 (심리기술 지도, 필요시 연계)
OECD 2030 핵심 연계 요소	사회정서적 학습은 Well–being(삶의 만족과 사회적 적응) 실현의 직접적 기반	인성교육은 공동체 가치와 윤리적 책임 (Responsible agency) 함양에 기여	심리교육은 자기이해와 정서적 회복력 (Resilience)을 통해 지속가능한 성장 지원

OECD 「Learning Compass 2030」과 연계한 사회정서적·인성·심리교육 비교

구분	마음교육(SEL)	인성교육	심리교육	OECD Learning Compass 2030 연계 관점
교육 목표	자기 · 타인 이해와 관계역량 함양, 정서 조절 및 협력 능력 향상	도덕적 품성 형성과 공동체적 가치 실천	자기이해 · 자기조절 · 정신건강 증진 및 심리적 회복력 향상	웰빙과 자기주도적 실천력 실현을 위한 역량 함양 (학습자가 스스로 삶을 설계하고 책임지는 주체로 성장)
핵심 초점	사회적 · 정서적 역량 (자기인식, 공감, 협력, 책임감 등)	핵심 인성 덕목 (존중, 배려, 공정, 성실 등)	심리적 자각과 자기통찰, 정서 안정 및 성장	핵심 역량 중 "변혁적 역량(새로운 가치 창출, 갈등 조정, 책임 행동)"의 기초 정서 기반
내용 영역	감정 인식 · 조절, 대인관계 관리, 의사결정, 협력적 문제해결	가치 판단, 도덕적 추론, 공동체 봉사, 실천적 윤리	자아개념, 감정 표현, 스트레스 관리, 심리적 회복탄력성	인지-사회-정서 영역 간 통합적 학습 구조 반영
교육 방법	체험, 토의, 역할극, 협동학습, 관계 중심 수업	스토리텔링, 모범 보이기, 봉사, 실천 중심 학습	상담, 심리 프로그램, 자기성찰, 마음챙김 활동	아이 주도성을 촉진하는 참여적 · 경험적 학습 방식 강조
평가 관점	과정 중심, 자기 · 또래 피드백, 관계 변화 관찰	가치 내면화 · 행동화 수준 평가	심리적 변화(자기효능감, 정서 안정 등) 중심	성찰적 학습과 지속적 성장의 평가 강조
시간관	발달적 · 지속적 훈련	일상 속 실천과 습관 형성	현재의 심리 상태 개선과 장기적 안정	평생학습의 관점에서 역량이 주기적으로 성찰 · 갱신되어야 함
교사 역할	정서코치 · 관계 촉진자 · 공동체 조성자	가치 모델 · 도덕적 안내자 · 삶의 본보기	심리적 조력자 · 상담자 관찰자	아이가 스스로 의미를 구성하고 선택할 수 있도록 지원에 집중
OECD 2030 핵심 연계 요소	사회정서적 학습은 Well- being (삶의 만족과 사회적 적응) 실현의 직접적 기반	인성교육은 공동체 가치와 윤리적 책임 (Responsible agency) 함양에 기여	심리교육은 자기이해와 정서적 회복력 (Resilience)을 통해 지속가능한 성장 지원	세 접근 모두 "학습자 중심 · 행동 주체적 학습(learner agency)" 실현의 상호보완적 축으로 접근

3. 학년군별 마음교육 운영 가이드라인

초등학교 학년군별 마음교육(사회정서학습) 운영 가이드

학년군	교육목표	주요 주제	실천 활동 예시
저학년 (1,2학년)	– 자기감정을 인식 · 표현하기 – 기초 공감 능력 기르기 – 기본 규칙 · 질서 배우기	– 감정 이름 알기 (기쁨, 슬픔, 화남, 두려움 등) – "나–전달법"으로 감정 표현하기 – 친구와 사이좋게 지내기 – 차례 지키기 · 규칙 지키기	– 감정 카드로 오늘 기분 표현하기 – 감정 인형극 – 칭찬 릴레이 – 학급 약속 만들기
중학년 (3,4학년)	– 자기조절 · 문제해결 능력 향상 – 또래 협력 · 갈등 조정 기술 습득 – 다양한 관점 이해와 공감	– 감정 조절 방법 (숨 고르기, 생각 멈추기) – 대화를 통한 갈등 해결 – 협력과 역할 분담 – 공정한 의사결정	– 감정일기 쓰기 – 갈등 해결 역할극 – 협동 프로젝트 학습 – 간단한 마음챙김 활동 (호흡 명상 등)
고학년 (5,6학년)	– 자기 이해 · 자아 정체감 탐색 – 책임 있는 의사결정 능력 – 건강한 관계 유지와 회복력 강화	– 스트레스 · 불안 관리 – 자존감 · 강점 찾기 – 또래 관계 문제 (따돌림, 사이버 관계) – 책임 있는 선택과 행동	– 마음 나누기 서클 – 강점 인터뷰 (친구 장점 발표) – 디지털 시민교육 – 지역사회 문제 해결 프로젝트(봉사, 캠페인 등)

[출처 : 초등학생의 사회정서역량 진단도구 활용 매뉴얼, 한국교육과정평가원]

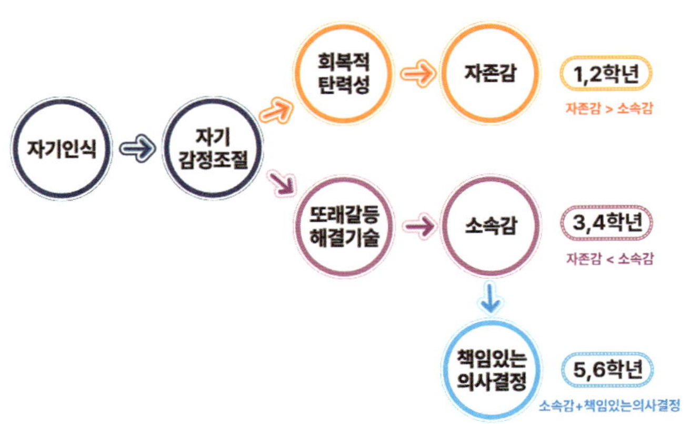

[학년별 마음교육 과정]

여우와 신포도, 르상티망

르상티망이라는 말은 니체가 『도덕의 계보』에서 본격적으로 다루며 널리 알려진 개념입니다. 약자가 강자를 향해 느끼는 열등감 · 질투 · 분노가 직접 표현되지 못한 채 마음속에 쌓이고 결국 자기합리화의 형태로 변형되는 심리를 가리킵니다. 가장 대표적인 예화가 여우와 신포도 이야기입니다. 여우가 높은 곳에 매달린 포도를 먹고 싶었지만, 손이 닿지 않자, 포기하며 이렇게 말합니다. "저 포도는 어차피 시어." 닿지 않는 현실을 인정하는 대신, 대상을 깎아내림으로써 자신의 좌절을 견딜 수 있게 만드는 방식입니다. 이런 르상티망은 내가 좌절감에 빠져 있을 때 더 쉽게 모습을 드러냅니다. '내가 가질 수 없는 것을 가진 사람'을 끌어와서 그 사람의 결함을 찾아내고, 그 과정에서 나는 오히려 고결하고 정직한 사람이라고 스스로 위로를 합니다. 내 안의 상처와 결핍을 다루지 못한 채 바깥을 재단하는 방식으로 마음을 지키려는 것입니다.

3장. 마음교육의 핵심 가치

마음교육의 핵심 가치는 '자기를 알고 다스리며, 타인과 조화를 이루고, 공동체 안에서 행복하게 살아갈 수 있는 관계의 힘을 기르는 것'이라 할 수 있습니다. 이는 지식교육이 다루지 못하는 부분을 채워주며, 아이가 단순히 '성공하는 사람'이 아니라 '함께 잘 살아가는 사람'으로 성장하도록 돕는 기반이 됩니다.

1. 자기 인식(자기 이해와 성찰)

교실 속 아이들을 지켜보면, 같은 상황에서도 반응은 제각각입니다. 어떤 아이는 즐겁게 받아들이지만, 어떤 아이는 금세 위축되거나 화를 내기도 합니다. 결국 같은 자극이라 하더라도 그것을 자신이 어떻게 느끼고 해석하느냐에 따라 달라집니다. 그래서 마음교육의 출발점은 자기 자신을 아는 데 있습니다.

자기 이해란 단순히 '나는 ㅇㅇ한 사람이다'라는 성격 규정이 아닙니다. 지금 내 마음을 알아차리고, 그 마음에 이름을 붙일 수 있는 힘입니다. 예를 들어 "나 지금 속상해.", "나는 기대돼."라고 말할 수 있는 아이는 자신의 감정을 분명히 인식하고 있는 것입니다.

이런 자기 인식은 긍정적 자아 정체감을 키우는 토대가 됩니다. 자신의 강점과 약점을 균형 있게 바라볼 수 있을 때, 아이는 실패 앞에서도 무너지지 않고 다시 시도할 회복탄력성을 기르게 됩니다. 또한 다른 사람과 비교하기보다는 자기 안에서 성장의 기준을 세우며 자신의 속도로 나아갈 수 있습니다.

교사가 할 수 있는 실천은 거창하지 않습니다. 아이들이 자신을 표현할 기회를 자주 마련해 주는 것에서부터 시작하면 됩니다. 오늘의 기분을 색깔이나 표정으로 표현하게 하거나, 하루를 돌아보며 짧은 마음 일기를 쓰게 하는 활동만으로도 아이들은 점차 '내 마음을 들여다보는 습관'을 갖게 됩니다. 이렇게 쌓인 작은 성찰의 경험들이 결국 자기 이해의 힘으로 자라납니다.

2. 자기 관리(자기조절과 회복탄력성)

아이들은 종종 감정의 파도에 휩쓸립니다. 작은 자극에도 화가 치밀어 행동이 앞서거나, 사소한 실패에 크게 낙담하기도 합니다. 그래서 자기 관리, 그중에서도 자기조절은 학교생활을 건강하게 이어가기 위한 핵심 역량입니다.

자기조절은 단순히 '감정을 억누르는 것'이 아닙니다. 화가 날 때 잠시 멈추고 깊게 숨을 고르며, 스스로 마음을 가라앉히는 방법을 찾아 실행하는 힘입니다. 하기 싫은 과제라도 끝까지 해내는 꾸준함, 순간의 충동을 잠시 멈추고 선택을 조절하는 태도 역시 자기조절에 포함됩니다.

여기에 회복탄력성이 더해져야 합니다. 실수와 실패는 누구에게나 찾아옵니다. 그때 '나는 안 돼'라며 주저앉을 것인지, '이번엔 실패했지만, 다시 해보자'라고 마음을 다잡을 것인지는 회복탄력성에 달려 있습니다. 회복탄력성이 자란 아이는 실패를 '끝'이 아니라 '과정'으로 받아들이며 도전할 수 있습니다.

교실에서는 교사가 가장 가까운 모델이 됩니다. 수업이 뜻대로 되지 않더라도 차분하게 다시 시작하는 모습, 아이의 실수 앞에서 "괜찮아, 다시 하면 돼"라고 손을 내미는 말은 아이에게 회복의 언어를 배우게 합니다. 자기조절과 회복탄력성은 아이가 평생의 어려움을 헤쳐 나가는 강한 뿌리가 됩니다.

3. 사회적 인식(공감과 타인 이해)

학교는 작은 사회입니다. 아이들은 친구와 부딪히고 갈등하며 화해하는 과정을 통해 사회적 감각을 배워 갑니다. 이때 핵심이 되는 역량이 사회적 인식, 즉 공감과 타인 이해입니다.

공감은 단순히 상대방의 이야기를 '들어 주는 것'에 멈추지 않습니다. 상대의 마음을 헤아리고 그 감정이 생긴 이유를 함께 짚어보는 힘입니다. 친구가 속상해할 때 "그럴 수 있겠다"라고 말해주고, 기뻐할 때 함께 웃어주는 작은 반응이 공감의 시작점입니다.

공감은 자연스럽게 타인 이해로 이어집니다. 나와 다른 배경과 관점을 가진 사람을 존중하고 수용할 때, 비로소 진정한 사회성이 길러집니다. "나는 이렇게 느끼는데 왜 너는 그래?"라는 질문 대신, "네가 그렇게 느낄 수도 있겠구나"라고 말할 수 있을 때 갈등은 한층 부드럽게 풀릴 가능성을 갖게 됩니다.

교실에서 공감 교육은 충분히 구체적으로 실천할 수 있습니다. 역할극이나 상황극, 동화 읽기와 장면 토의 활동은 아이들이 타인의 입장을 직접 경험하게 합니다. 여기에 교사의 언어가 더해지면 효과는 더욱 커집니다. 예를 들어 "○○이가 화난 건 네가 장난을 세게 쳐서 그럴 수도 있겠구나"처럼 감정과 이유를 함께 짚어 주면, 아이들은 서로의 마음을 이해하는 방법을 배워 갑니다. 공감은 따뜻한 교실 문화를 만드는 핵심 열쇠입니다.

4. 관계 관리(건강한 관계 형성)

아이들이 행복하게 학교생활을 이어가기 위해서는 무엇보다 건강한 관계가 필요합니다. 관계는 학업만큼이나 아이의 자존감과 행복감에 큰 영향을 줍니다.

건강한 관계는 존중과 배려를 바탕으로 합니다. 서로 다른 의견을 무시하지 않고 경청하는 태도, 작은 일에도 감사와 칭찬을 주고받는 습관이 관계를 더 단단하게 만듭니다. 또한 갈등이 생겼을 때 피하거나 폭발시키는 대신, 대화를 통해 풀어가는 힘을 길러줍니다.

교사는 학급 운영 속에서 아이들이 관계를 배우도록 '연습의 장'을 열어 줄 수 있습니다. 협동 활동, 모둠 프로젝트, 학급 회의는 단순한 과제가 아니라 관계를 배우는 시간입니다. 아이들은 그 과정에서 의견 충돌을 경험하면서도 '우리'라는 이름으로 함께 나아가는 방법을 익힙니다.

무엇보다 교사 자신이 존중의 모델이 되어야 합니다. 아이를 부르는 말투, 작은 의견에도 귀 기울여 주는 태도는 아이들에게 그대로 전해집니다. 관계는 말로 가르치기보다 보여주는 방식으로 학습됩니다.

5. 책임 있는 의사결정

아이들은 성장하면서 점점 더 많은 선택을 스스로 하게 됩니다. 그 선택이 어떤 결과를 낳는지 인식하고, 그에 대한 책임을 지는 능력이 바로 책임 있는 의사결정입니다.

책임 있는 의사결정은 단순히 규칙을 지키는 수준을 넘어섭니다. 무엇이 옳은지, 무엇이 공동체에 도움이 되는지, 나의 선택이 타인에게 어떤 영향을 미치는지까지 고려하며 결정하는 힘입니다. 예를 들어 쓰레기를 아무 데나 버릴지, 제자리에 버릴지의 작은 선택에도 '공동체의 관계에서 오는 선(善)'을 생각하는 마음이 필요합니다.

학교 현장에서는 일상의 경험을 통해 이 가치를 충분히 훈련할 수 있습니다. 학급 규칙을 함께 만들고, 스스로 세운 약속을 지키는 과정을 경험하게 하는 것만으로도 아이들은 책임의 의미를 배웁니다. 또한 학급 회의에서 의제를 두고 토론할 때 다수의 이익과 소수의 권리를 함께 고려하도록 안내하면 민주적 의사결정을 자연스럽게 익힐 수 있습니다.

이때 중요한 것은 '처벌'보다 '성찰'입니다. 잘못이 드러났을 때 훈육으로 끝내는 것이 아니라, 그 행동이 공동체에 어떤 영향을 미쳤는지를 돌아보게 해야 합니다. 그래야 아이는 '시키니까'가 아니라 '내가 선택했기에 책임진다.'라는 태도를 배우며, 자기 주도적인 세계 시민으로 성장할 수 있습니다.

6. 마음건강(행복과 웰빙(Well-being))

마음교육이 지향하는 최종 목표는 마음건강입니다. 마음건강 중 웰빙은 신체적 · 정신적 · 사회적 안녕을 바탕으로 행복을 추구하는 삶의 방식입니다. 단순히 기분이 좋은 상태를 말하는 것이 아닙니다. 자기 자신과 관계, 그리고 공동체 안에서 의미와 균형을 이루며 살아가는 힘에 가깝습니다.

마음건강은 감사, 긍정적 정서, 성취 경험, 의미 있는 활동 속에서 자랍니다. 하루 동안 즐거웠던 일을 찾아 나누거나, 고마운 사람에게 짧은 편지를 쓰는 활동만으로도 아이들의 마음은 한결 따뜻해집니다. 작은 성취를 함께 축하하고, 공동체 안에서 '내가 기여할 수 있는 자리'를 발견하게 돕는 것 역시 중요합니다.

교실은 행복을 배우는 삶의 연습장입니다. 교사가 성적과 경쟁만을 기준으로 아이들을 바라보기보다, 아이들의 마음이 자라는 순간을 알아차리고 인정해 줄 때 웰빙은 가까워집니다.

마음교육은 특별한 프로그램이 아니라 수업과 생활 속에 스며드는 작은 습관입니다. 웃으며 인사하기, 함께 노래 부르기, 하루를 마무리하며 감사 한 가지를 나누기 같은 짧은 루틴만으로도 교실은 훨씬 따뜻해질 수 있습니다.

무엇보다 마음건강은 아이들만의 과제가 아닙니다. 교사에게도 꼭 필요한 가치입니다. 교사가 행복할 때, 교실도 함께 더 행복해집니다.

<마음교육의 핵심 가치와 핵심 내용>

핵심 가치	설명	관련 연구 · 이론	키워드
자기 이해와 성찰	자신의 감정을 인식 · 이해하고 강점 · 약점을 파악하며 긍정적 자아정체감 형성	CASEL(자기인식), Goleman(EQ), 가드너(개인내적지능)	자기인식, 성찰, 자존감
자기 조절과 회복탄력성	감정 · 충동 조절, 스트레스 대처, 목표 지향적 자기 관리	CASEL(자기관리), 긍정심리학(성취), Goleman(자기조절)	자기관리, 조절, 인내, 회복력
공감과 타인 이해	타인의 감정 인식 · 존중, 다양성 수용, 관점 바꾸어 생각하기	CASEL(사회적인식), Goleman(공감), 인성교육진흥법(배려)	사회 인식, 공감, 존중, 수용
건강한 관계 형성	존중 · 배려 기반 의사소통, 협력, 갈등 해결	CASEL(관계 관리), 긍정심리학(PERMA–관계)	관계관리, 소통, 협력, 갈등관리
책임 있는 의사결정	윤리적 기준에 따른 선택, 공동체적 선 고려, 책임 있는 행동	CASEL(책임 있는 의사결정), 인성교육진흥법(책임, 정직)	책임 있는 의사결정, 윤리, 공동체
마음건강	긍정적 정서, 감사, 의미 추구, 개인 · 공동체의 행복	긍정심리학(PERMA), 마음챙김 교육	감사, 행복, 웰빙, 의미, 건강관리

<초등학교 학년군별 마음교육 실천 포인트>

학년군	발달 특징	마음교육 실천 포인트	예시 활동
저학년 (1,2학년)	감정표현이 솔직하고 즉각적, 규칙 · 사회성 형성 초기	자기 이해 · 조절 기초 감정을 말 · 표정 · 색깔로 표현, 기본적인 자기조절 습관 익히기, 자존감	감정 색깔 카드, 하루 마음 일기, 숨 고르기 연습
중학년 (3,4학년)	또래 관계 의식 증가, 공감 능력 확장 시작	공감과 관계 형성 타인의 감정 이해, 협동 경험 강조, 소속감	역할극(상황극), 협동 놀이, 칭찬 릴레이
고학년 (5,6학년)	자아정체감 형성, 갈등 경험 증가, 책임감 발달	책임 · 의사결정 · 웰빙 스스로 선택 · 결정 경험, 갈등 해결 방법 배우기, 자기 성찰	학급 회의, 갈등 해결 회의, 나만의 감사 저널, 공동체 봉사

[출처 : 초등학생의 사회정서역량 진단도구 활용 매뉴얼,한국교육과정평가원]

프로크루스테스의 침대

그리스 신화에 등장하는 프로크루스테스는 아테네 교외의 언덕에 집을 짓고 살며 행인들을 노린 강도로 전해집니다. 그의 집에는 철로 만든 침대가 있는데 프로크루스테스는 행인을 붙잡아 그 침대에 억지로 눕히고 행인의 키가 침대보다 크면 그만큼 잘라내고 행인의 키가 침대보다 작으면 침대 길이에 맞추어 억지로 늘려 결국 죽음에 이르게 했습니다. 그 침대에 길이를 조절하는 보이지 않는 장치가 있어 누구도 침대에 정확히 맞을 수 없었다고 합니다. 프로크루스테스의 악행은 아테네의 영웅 테세우스에 의해 끝이 납니다. 테세우스는 프로크루스테스를 잡아서 침대에 누이고는 똑같은 방법으로 처치했다고 합니다.

4장. 세계 속의 마음교육 사례 들여다보기

1. 미국의 마음교육, SEL의 길

미국에서 마음교육은 'SEL(Social and Emotional Learning, 사회정서학습)'이라는 이름으로 자리 잡아 왔습니다.

SEL은 더 이상 '특별 프로그램'에 머무르지 않고, 아이의 사회 · 정서 · 학업 발달을 함께 지원하는 교육의 기본 틀로 자리 잡았습니다. 그 출발에는 성적 중심 교육만으로는 아이들의 삶을 지탱하기 어렵다는 문제의식이 있었습니다.

마음의 위기에서 시작된 전환

1990년대 미국 사회는 청소년 문제행동, 약물 문제, 학교 안전에 대한 불안이 커졌고, 특히 고위험 사건(학교 총격 등)이 사회적 충격을 주면서 "학교가 아이들의 마음과 관계를 어떻게 돌볼 것인가"라는 질문이 공론화되었습니다. 성적은 나쁘지 않지만 분노 조절에 어려움을 겪고, 관계에서 쉽게 무너져 고립되는 아이가 늘어나는 현실은 교육의 방향을 다시 묻게 했습니다.

이 흐름 속에서 1994년 CASEL(Collaborative for Academic, Social, and Emotional Learning)이 만들어졌습니다. CASEL은

"지식만으로는 아이를 키울 수 없다."라는 문제의식에서 출발해, 유아부터 고등학교까지 감정 이해와 관계 역량을 교육의 중심으로 되돌려 놓았습니다. 이것이 미국 SEL의 본격적인 시작입니다.

교실에서 시작된 작은 실천

SEL은 거창한 개혁보다 교실의 작은 변화로 뿌리내렸습니다. 예를 들어 수업을 시작하기 전, 아이가 오늘의 기분을 간단한 표시로 나타내고 짧게 나누는 루틴만으로도 교사는 학급의 정서 상태를 미리 파악할 수 있고, 아이는 감정을 알아차리고 말로 표현하는 연습을 하게 됩니다. 실제로 감정을 나누는 날에는 갈등이 줄고, 친구의 표정에 귀 기울이는 태도가 늘어났다는 보고가 이어졌습니다. 이러한 경험은 다른 학교로 확산되었고, 곧 학군과 주(州) 차원의 정책으로도 연결되었습니다.

교과 속으로 들어간 SEL

미국 SEL의 중요한 특징은 분리하지 않았다는 점입니다. SEL을 특정 시간에만 따로 하는 활동이 아니라, 교과 수업 속에서 자연스럽게 가르치고 연습하도록 설계하여 가르쳤습니다.

사회정서 목표와 학업 목표는 따로가 아니라 함께 갈 때 가장 효과적이라는 관점이 강했습니다.

- 국어/언어 : 인물의 감정 · 동기 · 선택을 해석하고 토의하기

• 사회 : 공동체의 규칙, 책임, 협력의 의미를 토론하기
• 과학 : 조별 탐구 과정에서 의사소통과 갈등 해결을 연습하기

한 중학교 과학 수업에서는 실험 중 갈등이 생기면, 문제 해결에 앞서 다음 질문을 먼저 말하도록 지도했습니다.

"지금 내가 느끼는 감정은 무엇인가?"
"상대의 말에서 무엇이 불편했는가?"

이 과정을 통해 아이들은 '정답'보다 먼저 '관계 회복'을 배우게 됩니다. 그렇게 SEL은 교과 밖의 부가 활동이 아니라, 학습이 이루어지는 방식 자체가 되어 갔습니다.

교사가 먼저 마음을 배우다

미국에서 SEL이 현장에 뿌리내릴 수 있었던 결정적 요인 중 하나는 교사 연수였습니다. 많은 SEL 연수는 수업 기법보다 교사 자신의 자기 성찰에서 시작합니다. 감정 일기를 써 보고, 감정 단어를 나누며, 자신의 가치와 신념을 돌아보는 활동을 통해 교사는 먼저 자신의 상태를 알아차립니다.

연수 자리에서 교사들이 자주 꺼내는 말이 있습니다.

"아이에게 화를 냈던 이유가, 사실은 내 피로 때문이었다는 걸 알게 됐다."

이 작은 깨달음은 교실을 바꾸는 출발점이 됩니다. 교사가 자신의 감정을 이해하고 조절하는 경험을 쌓을수록 아이의 감정도 더 정확히 읽고 도울 수 있기 때문입니다. 또한 여러 학교에서는 SEL 코디네이터와 같은 역할을 두어 교사들이 수업 사례를 공유하고, 아이의 정서 발달을 꾸준히 관찰하며 지원했습니다. 그 결과 SEL은 개인의 '실험'이 아니라 학교 전체가 함께 만드는 문화로 자리 잡았습니다.

다섯 가지 핵심 역량과 성과

CASEL은 SEL을 다섯 가지 역량으로 정리합니다.

【자기 인식, 자기 관리, 사회적 인식, 관계 관리, 책임 있는 의사결정】

이는 '착한 아이'를 만들기 위한 교육이 아니라, 삶을 살아가는 기술입니다.

메타분석 연구(2011)에서는 SEL을 경험한 아이들이 학업 성취에서 평균 11% 향상을 보였고, 문제행동과 우울감은 유의미하게 감소한 것으로 보고되었습니다. 현장의 교사들이 "교실 분위기가 달라졌다."라고 말하는 이유도 여기에 있습니다. 감정이 정리되면 관계가 안정되고, 관계가 안정되면 학습에 몰입할 힘이 생기기 때문입니다.

정책과 자율의 균형

미국 SEL의 또 다른 특징은 기준과 지원(정책), 현장의 자율(실천)을 함께 살렸다는 점입니다. 연방과 주 정부는 방향과 자료를 제공하되, 교실 운영 방식은 학교와 교사가 선택하도록 했습니다. 어떤 학교는 감정 일기를, 어떤 학교는 아침 감정 나눔이나 회복적 대화를 핵심 루틴으로 삼았습니다. 이 유연성이 SEL을 지속 가능한 교육으로 만든 힘이었습니다.

한국 교육을 위한 시사점

미국 SEL이 주는 메시지는 분명합니다.

첫째, 마음교육은 프로그램이 아니라 문화다.

둘째, 마음교육의 출발점은 교사의 정서 안정과 성찰이다.

셋째, 일정한 방향성과 함께 교실의 자율성이 보장되어야 한다.

SEL의 목표는 성적 향상이 아니라 삶의 질입니다. 아이들이 자신의 마음을 말로 표현하고, 타인의 아픔에 반응하며, 갈등 뒤에도 다시 연결될 수 있다면 그것이 교육의 중요한 성과입니다. 미국의 SEL은 완성된 모델이라기보다 지금도 이어지는 실천의 흐름입니다. 다만 한 가지는 분명합니다.

마음이 자라야 배움이 자라고, 마음이 연결될 때 교실이 살아납니다.

● 한국 교실에 바로 적용하는 SEL 10분 루틴

단계	시간	루틴 이름	교사 질문 (한 문장)	학생 활동	핵심 역량	교사 포인트
①	3분	마음 확인	지금 내 마음은 어떤 상태일까?	한 단어 말하기 / 손가락 1~5 표시 / 속으로 생각하기	자기 인식	이유 묻지 않기, 말 안 해도 괜찮다고 안내
②	3분	마음 공감	이 마음이 오늘 학교생활에 어떤 영향을 줄까?	옆 친구와 30초 나누기 / 선택 공유	사회적 인식	판단 · 조언 금지, "그럴 수 있어."로 반응
③	4분	마음 선택	이 마음을 안고, 오늘 내가 할 수 있는 작은 선택은?	속으로 하나 정하기 (멈추기 · 말 고르기 · 도움 요청 등)	자기 관리 책임 있는 의사결정	크고 거창한 해결보다 '작은 행동' 강조

● 운영 핵심 요약

구 분	내 용
운영 원칙	매일 · 짧게 · 같은 구조로 반복
교사의 역할	고치기보다 질문하기
금지 사항	훈계, 평가, 즉각적 해결 요구
기대 변화	수업 몰입도↑, 갈등 감소, 감정 언어 증가
핵심 메시지	마음을 바꾸는 시간이 아니라, 마음을 다루는 힘을 기르는 시간

1단계 마음 확인 단계
지금 내 마음은 어떤 상태일까?

2단계 마음 공감 단계
이 마음이 오늘 학교 생활에 어떤 영향을 줄까?

3단계 마음 선택단계
이 마음을 안고, 오늘 내가 할 수 있는 작은 선택은 무엇일까?

4단계 다짐의 한마디
오늘도 나를 믿고, 긍정적인 하루를 만들자!
괜찮아, 작은 한 걸음부터 시작해보자!
(예시: 나만의 긍정적인 문장)

[미국의 마음교육]

2. 영국의 마음교육, '웰빙'과 '시민성'을 함께 키우다

시험과 경쟁을 넘어 '웰빙'을 묻다

영국의 학교 교육은 오랫동안 성취와 평가 중심으로 운영되어 왔습니다. 그러나 2000년대 들어 청소년 불안 · 우울, 자해 문제가 증가하면서 "성적은 오르는데 아이들이 웃지 않는다"라는 교사들의 목소리가 교육의 본질을 되묻게 했습니다. 그 결과 영국은 학교가 지식 전달을 넘어, 아이의 삶을 지탱하는 웰빙(wellbeing)과 시민성(citizenship)까지 함께 길러야 한다는 방향을 강화했습니다.

영국에서는 개인 · 사회 · 건강 · 경제 영역을 다루는 PSHE(Personal, Social, Health and Economic Education)가 강화되며 전인적 성장을 위한 핵심 영역으로 자리 잡았습니다. 정부 역시 "모든 학교가 PSHE를 가르쳐야 한다."라는 취지의 공식 문서를 통해 마음교육이 정규 교육과정으로 자리 잡도록 뒷받침해 왔습니다.

'시민성'은 교실 밖이 아니라 교실 안에서 자란다

영국의 특징은 웰빙을 개인의 마음 관리에만 두지 않고 시민성과 연결해 다룬다는 점입니다. 국가교육과정에서 시민 과목은 중등 과정의 필수 과목으로 제시됩니다. 즉, '마음이 건강한 개인'과 '책임 있는 시민'은 분리된 목표가 아니라 함께 길러야 할 역량으로 이해됩니다.

교실 속에서 실천된 마음수업

PSHE가 살아나는 지점은 결국 교실의 일상입니다. 감정 인식, 스트레스 관리, 관계 갈등 해결, 디지털 관계에서의 책임은 지식 전달만으로 익혀지기 어렵습니다. 그래서 많은 학교는 마음 일기(Mind Journal), 서클 타임(Circle Time)처럼 안전하게 말하고 듣는 구조를 통해 아이들이 관계를 연습하도록 돕습니다. 여기서 중요한 전환은 처벌의 질문에서 회복의 질문으로 옮겨가는 것입니다.

"왜 그랬니?"가 아니라 "그 말이 친구에게 어떤 느낌을 주었을까?"를 묻는 순간, 아이들은 책임과 공감을 함께 배우기 시작합니다.

제도화와 교사의 변화

영국은 마음교육이 개인 교사의 선의에만 기대지 않도록 학교 차원의 역할과 연수를 확장해 왔습니다. 예를 들어 학교마다 School Mental Health Lead 관련 연수 과정과 지원 체계를 운영하며, 전교차원의 접근(Whole school approach)으로 정신건강과 웰빙을 다루도록 방향을 제시했습니다.

2019년 이후에는 정신건강 교육이 학교의 의무 교육으로 자리 잡으면서, 교실 언어도 달라졌습니다. "왜 울어?" 대신 "지금 어떤 감정이 올라오니?"라고 묻는 정서 리터러시가 확산된 것입니다.

성과와 시사점

PSHE는 정서적 웰빙, 사회정서 기술, 괴롭힘 예방, 학업 성취 등 다양한 영역에서 긍정적 영향을 준다는 근거들이 제시됩니다. 영국 사례가 주는 핵심 메시지는 다음과 같습니다.

- 마음교육은 부가 프로그램이 아니라 정규 교육과정의 일부로 설계되어야 한다.
- 갈등 지도는 처벌보다 회복 중심의 질문과 대화 구조가 효과적이다.
- 마음교육의 목표는 개인의 안정에서 끝나지 않고 책임 있는 시민성의 성장으로 이어져야 한다.

한국 교실에 바로 적용하는 SEL 10분 루틴

단계	시간	루틴 이름	교사 질문 (한 문장)	학생 활동	핵심 역량	교사 포인트
①	3분	마음 인식	지금 내 마음은 어떤 감정일까?	한 단어 말하기 / 속으로 떠올리기	마음일기, 정서 리터러시	마음 일기, 정서 리터러시
②	3분	마음 성찰	이 마음이 다른 사람에게 어떤 영향을 줄까?	옆 친구와 30초 나누기	시민성, 공감	시민성, 공감
③	4분	회복 선택	다음엔 어떤 말이나 행동을 선택하고 싶니?	작은 행동 하나 정하기	서클 타임, 회복적 질문	서클 타임, 회복적 질문

운영 핵심 요약

구분	내용
운영 원칙	매일 · 짧게 · 같은 구조로 반복
교사의 역할	벌보다 질문하기
금지 사항	정답 요구
기대 변화	개인감정 → 관계 → 공동체로 확장
핵심 메시지	영국의 마음교육은 아이를 통제하지 않고, 질문을 통해 스스로 회복하고 시민으로 성장하게 한다.

1단계 : 마음 인식
지금 내 마음은 어떤 감정일까?
불안

2단계 : 마음 성찰
이런 마음이 다른 사람에게 어떤 영향을 줄까?

3단계 회복 선택
다음엔 어떤 말이나 행동을 선택할까?
부정적 행동
긍정적 행동
친구에게 사과하기

4단계 다짐의 한마디
친구의 마음을 배려하는 말을 할게!
3단계에서 선택한 행동을 다짐합니다

[영국의 마음교육]

3. 호주의 마음교육, '회복탄력성'을 기르다

다양한 문화 속에서 '다시 일어서는 힘'을 키우다

호주는 대표적인 다문화 사회로, 학교 안에는 다양한 언어와 문화적 배경을 지닌 아이들이 함께 생활합니다. 그만큼 가치관 차이에서 비롯되는 갈등, 차별, 소외의 문제가 꾸준히 제기되어 왔고, 디지털 환경 확산으로 청소년 불안과 우울, 학교 부적응 등의 어려움도 더해졌습니다.

호주는 이러한 문제의 해법으로 교육의 중요한 목표를 회복탄력성(resilience)에 두었습니다. 넘어지지 않게 만드는 교육이 아니라, 넘어진 뒤에도 다시 일어서는 힘을 기르는 교육입니다.

'The Resilience Project'에서 시작된 실천

호주의 회복탄력성 교육을 대표하는 사례로 자주 언급되는 것이 The Resilience Project입니다. 이 프로젝트는 단순하지만 강력한 세 가지 원리를 중심으로 운영됩니다.

- 감사(Gratitude) : 매일 하루에 한 가지 감사한 일 떠올리기
- 마음챙김(Mindfulness) : 호흡과 현재 감정에 집중하기
- 공감(Empathy) : 타인의 입장에서 생각해 보기

많은 학교는 아침을 여는 짧은 루틴으로 5분 '감사 저널'을 활용합

니다. 또한 체육 · 놀이 수업에서는 경쟁 중심 활동을 줄이고 협동 미션을 통해 함께할 때 더 멀리 갈 수 있음을 경험하게 합니다. 교사는 "누가 이겼니?"보다 "누가 어떻게 도왔니?"를 물으며 성취의 기준을 '결과'에서 '관계'로 넓혀 갑니다.

국가 차원의 웰빙 프레임워크

호주는 회복탄력성 교육을 일회성 프로그램으로 두지 않고, Australian Student Wellbeing Framework를 통해 국가 차원의 기준으로 정착시켰습니다. 학교는 아이가 정서적으로 안전하다고 느끼는 환경, 존중받는 관계, 회복을 돕는 문화가 형성되도록 점검하고 실천합니다.

특히 교사 연수의 역할이 강조됩니다. 교사는 아이의 감정 신호를 읽고 적절히 대응하는 방법을 배우며, 다문화 · 원주민 아이를 포함한 모든 아이가 존중받는 교실을 설계합니다. 회복탄력성은 특정 활동의 이름이 아니라, 학교 운영의 방향이 됩니다.

성과와 시사점

회복탄력성 교육의 목표는 '문제를 없애는 것'이 아니라, 어려움 속에서도 다시 균형을 찾는 힘을 기르는 데 있습니다. 교사들은 갈등이 생긴 뒤 관계가 회복되는 속도가 빨라지고, 아이들이 감정을 조절하고 문제를 해결하는 방식이 조금씩 성숙해진다고 말합니다. 감사와 마음챙김 같은 작은 루틴이 쌓일수록 자존감과 행복감이 자라고, 교실의 분위기 역시 한결 안정됩니다.

호주의 사례가 전하는 메시지는 단순합니다.

- "중요한 것은 넘어지지 않는 것이 아니라, 다시 일어서는 힘이다."
- 그 힘은 대단한 처방이 아니라, 일상 속 작은 정서 경험의 반복에서 길러집니다.

한국 교실에 바로 적용하는 SEL 10분 루틴

단계	시간	루틴 이름	교사 질문 (한 문장)	학생 활동	핵심 역량	교사 포인트
①	3분	마음 인식	오늘 고마웠던 한 가지는?	속으로 떠올리기 / 한 단어 공유	자기 인식, 긍정 정서	크고 특별한 감사 요구하지 않기 일상적 감사도 충분히 인정
②	3분	마음 성찰	지금 내 마음은 어떤 상태일까?	눈 감고 호흡 3번 / 감정 단어 선택	자기조절, 정서 인식	조용한 분위기 유지 감정에 옳고 그름 붙이지 않기
③	4분	회복 선택	힘들 때 나를 도울 행동은?	작은 행동 하나 정하기	회복탄력성, 책임 있는 선택, 공감	'잘해야 한다' 압박 금지 실행보다 선택 자체를 칭찬

운영 핵심 요약

구 분	내 용
운영 원칙	강해지는 아이보다 다시 일어나는 아이
교사의 역할	해결자보다 동행자
금지 사항	"왜 그랬니?" → "다음엔 어떻게 해볼까?"
기대 변화	감정 억제 → 감정 인식 → 회복 선택
핵심 메시지	개인 안정 + 공동체 회복

1단계: 마음 인식 단계
친구
오늘 고마웠던 한 가지는?
(한 단어로 말하면)

2단계: 마음 성찰 단계
?
지금 내 마음은 어떤 상태일까?
기쁨
평온
기대
감사
(감정단어 선택)

3단계: 회복 선택 단계
힘들 때 나를 도울 행동은?
산책하기
음악 듣기
심호흡
친구와 대화
(행동 하나 정하기)

4단계: 다짐의 한마디
스스로의 마음을 돌보고,
긍정적인 변화를 만들자!
(함께 다짐하기)

[호주의 마음교육]

4. 싱가포르, '국민 정체성과 회복탄력성을 세우는 SEL'

급격한 성장 속에서 '마음의 힘'을 선택하다

싱가포르는 짧은 기간에 세계적 도시국가로 성장했지만, 그 이면에는 치열한 경쟁과 정서적 압박이 있었습니다. 학업 성취는 높았으나 불안 · 스트레스 · 관계 갈등을 겪는 아이들이 늘었습니다. 이에 싱가포르 교육부는 교육의 방향을 분명히 전환했습니다.

"21세기에 필요한 것은 지식의 양이 아니라, 지식을 다루는 마음의 힘이다."

이 선언을 바탕으로 싱가포르는 2000년대 초반부터 사회정서학습(SEL)을 국가 교육정책의 핵심 축으로 도입했습니다.

SEL을 '인성·시민교육(CCE)'에 통합하다

싱가포르는 SEL의 특징은 SEL을 별도 과목으로 분리하지 않고, CCE(Character and Citizenship Education) 안에 통합했다는 점입니다. 도덕 · 가치 · 시민교육의 중심에 사회정서역량을 둔 것입니다. 또 하나의 특징은 교사 연수에서 변화가 시작되었다는 것입니다. 2007년부터 모든 교사를 대상으로 감정코칭, 갈등 중재, 협력학습 설계 연수를 통해 교사는 다음 메시지를 공유합니다.

"SEL은 가르치는 것이 아니라, 교사가 살아내는 교육이다."

삶의 장면으로 배우는 SEL

2014년 개정된 CCE 교과서에는 'My Resilience, My Responsibility' 단원이 신설되었습니다. 아이들은 SNS 갈등, 또래 배제, 실패 경험 같은 실제 상황을 역할극으로 다루며 감정 흐름과 대처 방식을 탐색합니다.

이 과정에서 아이들은 "잠시 멈추기", "대화 시도하기", "감정 이름 붙이기" 같은 자기조절 전략을 스스로 찾아갑니다. 싱가포르의 SEL은 추상적 덕목이 아니라 생활 밀착형 정서 교육입니다.

학교-가정-사회가 함께 만드는 문화

싱가포르의 SEL은 개인 교사의 노력에만 기대지 않도록 학교문화와 시스템을 강조합니다. CCE 2021 문서에서도 교사와 학교 리더의 역할 모델링, 교사의 성찰적 실천, 그리고 학교-가정-지역사회 파트너십("It takes a village…")을 핵심 기반으로 제시합니다.

결국 SEL은 '가르치는 내용'이기 이전에, 학교가 일상에서 일관되게 보여주는 공통 언어와 관계의 방식으로 자리 잡습니다.

성과와 시사점

싱가포르 사례가 주는 메시지는 분명합니다.

- 마음교육은 분리된 프로그램이 아니라, 가치 · 시민성 교육과 통합된 교육과정이어야 한다.
- 회복탄력성은 특별활동이 아니라, 학교가 제공하는 관계 경험과 공통 언어 속에서 길러진다.
- 사회정서역량은 개인의 안녕을 넘어, 공동체의 책임과 정체성으로 이어질 때 지속가능해진다.

● 한국 교실에 바로 적용하는 SEL 10분 루틴

단계	시간	루틴 이름	교사 질문 (한 문장)	학생 활동	핵심 역량	교사 포인트
①	3분	마음 인식	지금 내 마음에 가장 가까운 감정은?	감정 단어 하나 선택 / 속으로 떠올리기	자기 인식	감정에 좋고 나쁨 붙이지 않기 말하지 않아도 허용
②	3분	마음 조절	이 감정이 행동으로 나오면 어떤 일이 생길까?	짝과 짧게 나누기 / 속으로 생각	자기 관리	즉각적 해결 요구 금지 생각하는 시간 존중
③	4분	시민적 선택	나와 공동체를 함께 살리는 선택은?	작은 행동 하나 정하기 (멈추기 · 말 바꾸기 · 도움 요청)	책임 있는 의사결정, 관계 관리	'착한 답' 강요하지 않기 선택 자체를 인정

● 운영 핵심 요약

구 분	내 용
운영 원칙	성취 중심 → 시민 중심
교사의 역할	감시자 → 모델이 되는 사람
금지 사항	"누가 맞니?" → "어떤 선택이 공동체에 도움이 될까?"
기대 변화	감정 인식 → 자기조절 → 공동체적 판단
핵심 메시지	개인 안정 + 사회적 신뢰 형성

1단계 마음 인식 단계
행복 불안 평온
슬픔 감사
지금 내 마음에 가장 가까운 감정은?
(감정단어 선택)

2단계 마음 조절 단계
이 감정이 행동으로 나오면 어떤 일이 생길까?
(짝과 대화)

3단계 시민적 선택 단계
산책하기
음악 듣기
친구와 대화
심호흡
나와 공동체를 함께 살리는 선택은?
(행동 하나 정하기)

4단계 다짐의 한마디
스스로의 마음을 돌보고, 긍정적인 변화를 만들자!

[싱가포르의 마음교육]

5. 핀란드의 마음교육, '행복과 배움이 공존하는 교실'

성취보다 '행복'을 먼저 묻다

핀란드는 국제 조사에서 '세계에서 가장 행복한 나라'로 자주 언급되며, 학업 성취와 삶의 만족도를 함께 추구하는 교육 문화를 꾸준히 발전시켜 왔습니다. 핀란드 교육이 지향하는 목표는 지식 축적이 아니라 아이들이 자기 삶을 건강하고 의미 있게 꾸려갈 힘을 기르는 데 있습니다. 그리고 그 중심에 사회정서학습(SEL)이 있습니다.

한 교장이 이런 말을 남겼다고 합니다.

"행복하지 않으면 배움도 오래 지속될 수 없습니다."

핀란드의 교실은 성적을 앞세우기보다, 아이의 마음이 안전한가를 배움의 전제로 삼습니다.

복지와 교육의 통합이 교실의 부담을 덜다

핀란드에서 마음교육을 별도 과목으로 분리되기보다, 학교의 일상과 수업 전반에 자연스럽게 스며드는 방식으로 운영됩니다. 이를 가능하게 한 힘은 교육과 복지가 함께 움직이는 시스템입니다. 학교에는 상담교사 · 심리전문가 · 특수교사가 함께하며, 교사가 홀로 아이의 마음을 떠안지 않도록 하는 구조를 마련합니다.

또한 2016년 도입된 현상 기반 학습(Phenomenon-based

Learning)은 실제 삶의 문제를 함께 탐구하는 과정에서 협력 · 토론 · 공감이 자연스럽게 자라나도록 돕습니다. 배움이 곧 삶의 연습이 되는 것입니다.

교실 속 일상 실천

핀란드의 마음교육은 프로그램이 아니라 문화입니다.

- 아침 원형 대화 : 하루를 감정 나눔으로 시작하며 서로의 상태 확인하기
- 감정 카드 : 말하지 않아도 감정을 안전하게 표현하기
- 자연 속 회복 활동(Green Care) : 숲과 · 공원에서 걷고 놀며 긴장을 풀기
- 협력 프로젝트 : 갈등을 '처벌할 문제'가 아니라 '배울 기회'로 다루기

이 과정에서 교사는 문제의 해결자가 되기보다, 아이들이 스스로 관계를 회복하도록 돕는 중재자이자 동행자입니다.

교사의 전문성과 평가의 전환

핀란드 교사는 아동 발달과 학습, 아이 이해에 대한 전문성을 토대로 수업을 설계하는 교육 전문가로 자리합니다. 평가 역시 단일 시험 점수에 의존하기보다, 관찰과 대화, 프로젝트 참여 등 다양한 방식으

로 성장을 읽어냅니다.

핵심 가치는 분명합니다.

성장 > 성적, 행복 > 경쟁

성과와 한국 교육을 위한 시사점

핀란드 아이들은 "학교가 즐겁다"라고 답하는 비율이 높고, 학교폭력과 청소년 자살률은 OECD 평균보다 낮습니다. 전문가들은 말합니다.

"핀란드는 학업 이전에 인간을 가르칩니다."

이 사례는 한국 교육에 세 가지 메시지를 전합니다.

- 마음교육은 교실 문화여야 한다.
- 교사는 혼자가 아니다—전문가 협력이 필요하다.
- 성장과 행복의 가치 전환이 학교를 살린다.

● 한국 교실에 바로 적용하는 SEL 10분 루틴

단계	시간	루틴 이름	교사 질문 (한 문장)	학생 활동	핵심 역량	교사 포인트
①	3분	마음 열기	오늘 내 마음을 가장 잘 나타내는 말은?	한 단어 말하기 / 감정 카드 선택	자기 인식	이유 캐묻지 않기 말하지 않아도 허용
②	3분	마음 공감	이 마음을 가진 친구를 어떻게 도울 수 있을까?	짝과 30초 나누기	공감, 사회적 인식	조언보다 공감 문장 사용
③	4분	회복 연결	힘들 때 나를 회복시키는 행동은?	작은 행동 하나 정하기	회복탄력성, 자기 관리	실행 강요 금지 선택 자체를 인정

● 운영 핵심 요약

구 분	내 용
운영 원칙	성적 중심 → 행복 중심
교사의 역할	지시자 → 동행자
금지 사항	결과 → 과정과 성장
기대 변화	일상 속 짧은 반복
핵심 메시지	행복한 개인 + 신뢰하는 공동체

[핀란드의 마음교육]

6. 일본의 마음교육, '조화와 배려를 배우는 교실'

'와(和, わ)'의 철학에서 출발한 마음교육

일본 사회를 관통하는 핵심 가치 중 하나는 '와(和, わ)', 즉 조화입니다. 이 개념은 교육 철학으로 이어져, 일본은 오래전부터 '함께 살아가는 힘'을 기르는 데 주목해 왔습니다.

특히 1990년대 이후 학교폭력과 따돌림(이지메)이 사회 문제로 대두되자, 일본은 학업 성취를 넘어 아이의 마음을 지키는 교육을 본격적으로 강화했습니다.

문부과학성(MEXT) 관계자는 이렇게 말합니다.

"지식만으로는 아이를 키울 수 없습니다. 마음을 가르쳐야 함께 살아갈 수 있습니다."

제도보다 '학급문화'로 스며든 사회정서역량

일본은 서구처럼 SEL이라는 이름을 쓰지 않지만, 도덕과(道德科), 생활지도, 학급경영의 틀 안에서 사회정서역량을 자연스럽게 길러 왔습니다.

- 도덕과 : 정직 · 우정 같은 덕목을 넘어 생명 존중, 자기 존중감, 타인 배려, 마음의 건강을 다루며 성찰
- 생활지도 : 담임이 아이의 생활과 정서 신호를 세심히 관찰하고, 대화로 관계와 행동을 조정하도록 지도

- 학급경영 : 학급 회의를 통해 규칙 만들기, 갈등 토의, 공동 해결 경험

이 과정에서 교사는 정답을 제시하기보다 조정자로서 아이가 스스로 생각을 정리하고 결론에 이르도록 돕습니다.

일상에서 배우는 '함께 사는 법'

일본의 마음교육은 프로그램이 아니라 생활 그 자체를 교육으로 만드는 방식에 가깝습니다.

- 아침 인사 : "오늘 하루 잘 부탁합니다"와 같은 인사로 관계의 문을 열기
- 학급회의 : 불편과 갈등을 숨기지 않고 함께 해결책을 찾는 경험 쌓기
- 급식·청소 : 함께 준비하고 정리하며 책임과 배려를 체득하기
- 마음 토론 : "실수한 친구에게 어떤 말을 건넬까?"처럼 공감 언어를 연습하기

이처럼 반복되는 일상은 아이들에게 '조화롭게 살아가는 법'을 경험으로 배우게 합니다.

담임 중심, 그러나 혼자가 아닌 구조

일본에서 담임교사는 학업 · 생활 · 정서를 함께 책임지는 존재입니다. 동시에 학교 안에는 상담 기능(상담교사, 스쿨 카운슬러, 상담실 등)이 운영되어, 담임이 혼자 감정 지도를 떠안지 않도록 지원합니다. 이 구조 덕분에 학교는 하나의 마음 돌봄 공동체로 기능합니다.

성과와 시사점

학급 회의와 또래 중심 활동이 활발한 학교일수록 이지메 발생률이 낮다는 연구도 보고되고 있습니다. 일본의 마음교육은 느리지만, 꾸준한 일상 실천으로 변화를 만들어 가고 있습니다.

일본 마음교육의 핵심은 세 가지로 정리할 수 있습니다.

- 조화 : 갈등을 회피하거나 폭발시키지 않고 조정하는 힘
- 배려 : 타인의 감정과 입장을 존중하는 태도
- 자기긍정감 : 비교 속에서도 '나는 괜찮다'라고 자신을 인정하는 힘

한국 교사들에게 주는 메시지

일본 사례는 이렇게 말합니다.

- 마음교육은 특별활동이 아니라 일상에서 자란다.
- 담임 혼자 감당하지 않도록 협력과 연계 구조가 필요하다.
- 경쟁 속에서도 아이가 "나는 괜찮다"라고 느끼게 해야 한다.

조화를 배우는 교실, 배려를 실천하는 아이, 자신을 긍정하는 마음. 이것이 일본 마음교육의 핵심은 결국 관계 속에서 사람다움을 길러내는 일상에 있습니다.

● 한국 교실에 바로 적용하는 SEL 10분 루틴

단계	시간	루틴 이름	교사 질문 (한 문장)	학생 활동	핵심 역량	교사 포인트
①	3분	**마음 열기**	오늘 내 마음을 한마디로 말해볼까?	한 단어 말하기 / 속으로 생각	자기 인식	이유 추궁 금지 말하지 않아도 허용
②	3분	**조화 성찰**	이 마음이 친구들과 지낼 때 어떤 영향을 줄까?	짝과 짧게 나누기	사회적 인식, 배려	옳고 그름 판단하지 않기
③	4분	**배려 선택**	조화를 지키는 말이나 행동은?	작은 행동 하나 정하기	관계 관리, 자기긍정감	'착한 답' 강요 금지 선택 자체 인정

● 운영 핵심 요약

구 분	내 용
운영 원칙	개인 성취 → 조화로운 공존
교사의 역할	통제자 → 조정자
금지 사항	훈계 → 토론과 합의
기대 변화	일상 정착
핵심 메시지	자기긍정감 있는 공동체 구성원

1단계: 마음 열기
오늘 내 마음을 한마디로 말해볼까?
기쁨
슬픔
걱정
화남
행복
(감정단어 선택)

2단계: 조화·성찰
이 마음이 친구들과 지낼 때 어떤 영향을 줄까?
(짝과 대화)

3단계: 배려 선택
경청
나눔
도움
사과
관계를 지키는 배려있는 말이나 행동은?
(행동 하나 정하기)

4단계: 다짐의 한마디
스스로의 마음을 돌보고, 긍정적인 변화를 만들자!
(함께 다짐하기)

[일본의 마음교육]

7. 인도의 마음교육, '지혜와 평온을 가르치는 교실'

전통의 지혜를 현대 교육으로 되살리다

인도는 수천 년 전부터 명상과 요가, 마음 수련을 교육의 핵심으로 삼아온 나라입니다. 불교와 힌두 철학에서 비롯된 '마음의 평온과 자기 통제'는 삶의 지혜로 이어져 왔습니다.

그러나 식민지 시기 이후 시험 · 성적 중심 교육이 강화되면서, 아이들의 불안과 스트레스가 사회적 문제로 떠올랐습니다. 이에 인도는 전통의 지혜를 현대 교육과 결합하는 개혁을 선택했습니다.

인도 교육부(Ministry of Education, India) 관계자는 이렇게 말합니다.

"교육의 목적은 지식을 채우는 것이 아니라, 마음을 밝히는 것이다."

국가 정책으로 자리 잡은 마음교육

2020년 인도는 국가교육정책(NEP 2020)을 통해 사회정서학습(SEL)과 마음교육을 국가 교육과정의 핵심 가치로 명시했습니다. 특징은 전통 수행 문화와 현대 SEL의 통합입니다.

- 요가·명상의 제도화 : 모든 학교에서 정규 교육과정으로 운영
- 행복 교과(Happiness Curriculum) : 델리 공립학교에서 시작되어

전국 확산
- 라이프 스킬 교육 : 자기조절, 공감, 관계기술을 삶의 기술로 지도

특히 '행복 교과'는 매일 짧은 명상과 감사, 감정 성찰 활동을 통해 아이의 정서 회복력과 학습 집중력을 높였습니다.

교실 속 실천 : 명상과 이야기, 그리고 감사

인도의 마음교육은 단순한 심리 프로그램이 아니라 삶의 태도를 기르는 수업입니다.

- 아침 명상 : 하루 5분 호흡 명상으로 마음 안정
- 행복 수업 : 감사 적기, 감정 색깔로 표현하기
- 요가 수업 : 자세보다 호흡과 마음 흐름에 집중
- 스토리텔링 : 전통 설화를 통해 삶의 가치 성찰

아이들은 감정을 억누르기보다 인식하고 다루는 법을 배웁니다.

교사와 학교의 역할

인도의 교사는 지식 전달자가 아니라 마음의 멘토입니다. 교사들은 명상 지도, 감정코칭 연수를 받으며, 학교에는 상담교사와 명상 지도 교사가 함께 배치됩니다. 이 구조 덕분에 마음교육은 개인 교사의 부담이 아니라 학교 공동체의 책임이 됩니다.

성과와 시사점

행복 교과를 운영한 학교에서는 집중력과 학업 성취 향상, 폭력과 결석률 감소가 보고되었습니다. 교사들은 "아이들의 표정이 밝아지고, 서로를 격려하는 문화가 생겼다."라고 말합니다.

인도의 마음교육은 분명한 메시지를 줍니다.

행복은 덤이 아니라 교육의 목표이며, 마음을 다스리는 힘이 배움을 지속시킨다는 것입니다.

● 한국 교실에 바로 적용하는 SEL 10분 루틴

단계	시간	루틴 이름	교사 질문 (한 문장)	학생 활동	핵심 역량	교사 포인트
①	3분	마음 가라앉히기	지금 내 호흡과 마음은 어떤가?	눈 감고 호흡 3번 느끼기	자기 인식, 평온	자세 · 완성도 지적 금지 조용한 분위기 유지
②	3분	감사 깨우기	오늘 고마웠던 한 가지는?	속으로 떠올리기 / 한 단어 공유	긍정 정서, 감사	사소한 감사도 충분히 인정
③	4분	자기 조절 선택	이 마음으로 오늘 어떤 선택을 할까?	작은 행동 하나 정하기	자기통제, 책임 있는 선택	실행 강요 금지 선택 자체를 존중

● 운영 핵심 요약

구 분	내 용
운영 원칙	성취 중심 → 내면 균형 중심
교사의 역할	평가자 → 마음의 안내자
금지 사항	명상 · 감사 · 성찰의 반복
기대 변화	결과보다 마음 상태
핵심 메시지	평온한 개인 + 지속 가능한 배움

1단계: 마음 가라 앉히기
눈 감고 호흡 3번 느끼기
(호흡과 마음 확인)

2단계: 감사 깨우기
감사
오늘 고마웠던 한 가지는?
(한 단어 공유)

3단계: 자기조절 선택
배려
도움
도움
책임
이 마음으로 오늘 어떤 선택을 할까?
(행동 하나 정하기)

4단계: 다짐의 한마디
스스로의 마음을 돌보고, 긍정적인 변화를 만들자!
(함께 다짐하기)

[인도의 마음교육]

8. 국가별 마음교육 비교

나라	도입 배경	주요 활동 · 방법	교육 목표	한국에 주는 시사점
미국	SEL 정책적 도입, 사회 문제 대응	감정 온도계, 학급 회의, 감사 저널 등	자기인식, 관계기술, 책임감	체계적 프로그램 필요
영국	웰빙 강조, 정신건강 위기 대응	PSHE 수업, 마인드풀니스, 또래 상담	정서안정, 자존감, 공동체성	교과와 통합된 SEL
호주	긍정심리학 기반, 행복한 학교 추진	PERMA 모형, 행복 프로젝트, 또래 멘토링	긍정감정, 몰입, 성취	학급경영에 긍정심리학 활용
싱가포르	국가 인성교육 정책, 다문화 사회 필요	VIA 활동(봉사), SEL 교과, 리더십 훈련	배려, 책임, 사회참여	전인교육과 시민교육 결합
핀란드	아이 행복 최우선, 포용적 교육	현장 맞춤 SEL, 감정수업, 작은 학급 운영	행복, 자율성, 공동체	아이 중심 교육 강화
일본	'이지메' 문제 대응, 조화 중시	학급회의, 도덕과, 생활지도, 청소 · 급식 활동	조화, 배려, 자기긍정감	일상 활동 속 SEL 가능
인도	학업 경쟁 완화, 전통 지혜의 재발견	행복 교과, 명상, 요가, 스토리텔링	평온, 자기통제, 감사	성취보다 행복 강조

지금까지 국가별 마음교육에 대해 살펴보았습니다. 이 내용을 좀 더 생각해 볼 문제로 가져와 우리나라에 적용할 방향을 찾아보는 것이 좋겠습니다.

핵심 내용을 비교해 보면 나라마다 공통으로 단순 인성교육이 아니라 정서 조절 · 공감 · 회복탄력성 중심의 '삶의 기술' 교육에 초점을 맞추었다는 사실을 알 수 있었습니다.

반면에 차이점을 찾아본다면 서구는(미 · 영 · 호) 체계적 SEL 정책 중심인 데 반해, 아시아(싱 · 일 · 인)는 가치 · 정체성 · 조화 중심으로 교육이 되고 있으며, 북유럽(핀) 쪽은 복지와 행복의 통합형 교육으로 운영되고 있음을 알 수 있었습니다.

이렇듯 오늘날 세계 각국의 교육은 하나의 공통된 방향을 향해가고 있습니다. '마음을 가르치는 교육'이 바로 그것입니다. 학업 성취보다 더 중요한 것은 삶을 행복하게 살아갈 힘, 즉 자신의 감정을 이해하고 타인과 조화롭게 어울리는 관계적 능력입니다.

미국은 SEL을 제도화해 교사의 전문성과 아이의 감정 성장에 함께 투자했고, 영국은 시민성과 행복을 통합한 교육을 통해 학교를 '함께 살아가는 공간'으로 만들었습니다. 호주는 감사 · 공감 · 회복탄력성을 키우는 긍정 교육을 통해 마음의 힘을 길렀고, 싱가포르는 국가가 나서서 학교 · 가정 · 사회가 함께 아이의 정서를 돌보는 시스템을 만들었습니다. 핀란드는 '행복이 곧 배움의 조건'이라는 신념으로, 교실의 일상 자체를 마음교육으로 바꾸었습니다. 일본은 인사, 청소, 학급회의처럼 평범한 생활 속에서 배려와 책임을 가르쳤으며, 인도는 명상과 요가를 통해 마음의 평온과 감사의 힘을 일깨워 주었습니다.

종합해 보면, 마음교육은 프로그램이나 교과가 아니라 '학교의 문화'이자 '교사의 태도'라는 공통점을 찾을 수 있습니다.

이에 한국의 마음교육을 위한 제언을 해보고자 합니다.

한국의 교사들은 이미 교실 속에서 매일 아이들의 마음을 만나고 있습니다. 다만 그 노력이 제도적으로 뒷받침되지 못해, 교사 개인의 헌신에 의존하는 경우가 많습니다. 이제는 '마음교육'을 교사 한 사람의 감정노동이 아니라, 학교 전체가 함께 만들어 가는 시스템으로 바꾸어야 합니다.

이에 다음과 같은 한국의 마음교육을 위한 방향을 제안해 보고자 합니다.

교사의 마음부터 돌보는 연수

세계 여러 나라처럼, 마음교육은 교사가 먼저 경험해야 합니다. 감정코칭, 명상, 회복탄력성 프로그램을 교사 연수 과정에 포함해 '가르치는 사람의 마음이 건강해야 아이의 마음도 자란다.'라는 원리를 실천해야 합니다.

"마음교육의 출발점은 교사의 평안이다."

교과 속에 녹아드는 SEL

특별활동으로만 한정된 인성교육을 넘어, 국어 시간엔 인물의 감정을 분석하고, 과학 시간엔 협력 실험으로 갈등 해결법을 배우며, 미술 시간엔 감정표현을 주제로 삼을 수 있습니다. 이처럼 모든 교과에 감정 · 관계 · 성찰을 녹여내는 수업 설계가 필요합니다.

"SEL은 하루 10분의 프로그램이 아니라, 교실 속 언어와 분위기다."

교실의 일상 속 마음교육 문화

교실 인사, 학급회의, 급식 시간, 청소 활동, 감사 나누기 등 일상적 순간을 '마음이 자라는 시간'으로 바꿀 수 있습니다. 형식보다 중요한 것은 아이가 존중받고, 감정을 표현할 수 있는 문화입니다. 학급경영과 같이 정서 조절, 공감, 회복적 탄력성 등과 같은 교실 생활의 관계기술로 정착되어야 합니다.

"마음교육은 거창한 프로그램보다, 매일의 대화 속에서 자란다."

학교·가정·지역사회가 함께하는 구조

싱가포르와 핀란드처럼, 학교 혼자 마음교육을 감당하기 어렵습니다. 가정에서도 '하루 10분 감정 나누기', 지역사회에서는 '마음 성장 프로젝트' 등 연결된 마음교육 생태계를 만들어야 합니다. 이때 지자체, 교육청, 지역 단체가 협력할 수 있는 지원 체계가 필요합니다.

성취보다 성장, 경쟁보다 행복

마지막으로, 한국 교육의 가치 중심을 바꿔야 합니다. 성적과 비교 대신, '어제보다 더 단단해진 나'를 칭찬하는 문화. 실패를 배움의 일부로 받아들이는 교실. 그것이 진정한 마음교육의 완성입니다.

"성공보다 성장, 경쟁보다 공감, 점수보다 마음."

마음교육은 미래교육의 주변이 아니라 중심입니다. 아이들이 마음의 언어를 배우면, 관계의 기술을 배우고, 결국 삶을 더 따뜻하게 살아가는 방법을 배우게 됩니다. 교사의 말 한마디, 짧은 인사, 눈 맞춤, 그 작은 순간들이 모여 한 아이의 마음을 바꿉니다.

"교사의 평온이 아이의 평온으로, 아이의 웃음이 교실의 행복으로 이어진다."

이제 한국의 교실이 지식보다 마음이 먼저 자라는 교육, 경쟁보다 공감이 흐르는 관계 중심의 행복한 공간으로 탈바꿈되기를 바랍니다.

가르칠 수 있는 용기

30년 동안의 교직 생활을 되돌아보니 모든 교실은 결국 다음과 같이 결론지을 수 있다. 나와 나의 아이들이 교육이라는 저 오래된 어려운 과제를 수행하기 위해 얼굴과 얼굴을 맞대고 앉아있는 공간, 내가 습득한 기술은 어디로 가지는 않았지만, 그렇다고 해서 충분하지도 않았다. 내 아이들과 대면하고 있으면, 딱 한 가지 자원만 즉시 가동할 수 있을 뿐이다. 즉 나의 정체성, 나의 자기의식, 가르치는 '나'라는 인식이 그것이다. 이것이 없으면 배우려는 '대상'에 대한 의식도 없게 된다. '훌륭한 가르침은 하나의 테크닉으로 격하되지 않는다. 훌륭한 가르침은 교사의 정체성과 성실성에서 나온다.'

(파커 J. 파머, 2022; 47)

Part 2

마음교육 수업 설계와 운영

5장. 교실 속 마음교육 환경 만들기

일상을 살아가다 보면 우리는 낯선 장소에서 새로운 사람들을 만나야 할 때가 많습니다.

그럴 때 어떤 마음이 드시나요? 새로움이 주는 설렘과 기대도 있지만 '내가 잘 적응할 수 있을까?', '아무도 나에게 관심을 주지 않으면 어떡하지?'처럼 일어나지도 않은 일에 대한 긴장과 두려움이 더 크게 밀려오기도 합니다.

그렇다면 아이들은 어떨까요? 초등학교 1학년 때는 새로운 친구와 선생님을 만나는 설렘에 잠을 설치기도 합니다. 하지만, 학년이 올라갈수록 새로운 장소와 친구를 만나 새로운 것에 도전하는 경험보다 익숙한 친구와 공간에 머무르려는 경향이 강해집니다. 특히 변화에 적응하는 속도가 느리거나 새로운 상황과 공간을 부담스러워하는 아이들은 학년이 올라갈 때마다 교실에서 각자의 독특한 방식으로 어려움을 드러내기도 합니다. 때로는 문제행동으로 나타나 선생님과 친구들을 힘들게 하기도 하지요.

왜 아이들은 고학년이 될수록 새로운 사람과 공간을 피하고 싶어 하며 낯섦을 어려워할까요? 그것은 아이들이 세상을 살아가면서 정서적으로 안정된 공간과 안전한 관계를 만들고 유지하는 일이 생각보다 쉽지 않다는 것을 더 잘 알게 되었기 때문입니다.

사람은 누구나 심리적으로 편안하고 안정감을 느낄 때 행복하다고 생각합니다. 그러나 이 안정감은 혼자의 노력만으로는 만들어지지 않습니다. 가족이 서로 다투는 상황에서 혼자 좋은 생각을 떠올린다고 해서 마음이 편안해지기가 어렵고, 내가 하는 말을 누구도 귀담아듣지 않는데 '괜찮아. 그럴 수도 있지'하며 스스로 다독인다고 해서 금세 안정되기도 어렵습니다. 안정감은 함께 살아가는 사람들이 서로를 위한 약속을 지키고 배려하고 존중하는 마음이 느껴질 때 비로소 생깁니다. 즉 나의 노력에 상대의 이해와 협력이 더해질 때 가능한 감정입니다.

그렇다면 한쪽만 노력하는 관계가 반복된다면 어떻게 될까요? 교실에서 마음교육이 자리 잡기 위해 교사는 이 질문을 교실 철학으로 품고, 아이들에게 '함께 노력하는 관계'를 일관된 태도로 가르쳐야 합니다. 반대로 원칙과 기준이 흔들리는 교실에서 아이들은 무엇을 배우게 될까요? 아이들의 마음과 생각은 어떻게 자리잡힐까요?

자기 철학과 원칙이 분명하지 않은 교사를 만난 아이들은 자유와 해방감을 느끼는 듯 보이지만, 실제로는 불안과 긴장을 가지고 교실 속에서 살아가게 됩니다.

예를 들어 같은 행동이 어떤 날은 "장난이었구나" 하며 넘어가다가, 또 어떤 날은 예상치 못하게 큰 꾸중으로 돌아온다면 아이들의 마음은 혼란스러워집니다. 위로하려고 건넨 말이 어떤 때는 칭찬을 받다가, 어떤 때는 "그럴 땐 도와주지 말아야지"라는 다른 지도로 이어진다면 아이들은 무엇을 기준으로 삼아야 할지 잃게 됩니다. 이런 경험이 누적되면 저학년 때는 잘 드러나지 않던 모습이 고학년으로 갈수록 드러나기도 합니다. 발표나 질문 대신 침묵을 선택하고, 친구들의 다툼을 중재하기보다 모른 척 지나가며, 약점이 드러날까 두려워 자신을 숨기기도 합니다. 어떤 아이는 고립되지 않기 위해, 때로는 잘못된 방식으로라도 존재감을 확보하려 하기도 합니다. 아이들은 선생님과 친구들을 끊임없이 관찰하며 "이곳은 안전한가?"를 확인합니다. 안전하다고 느끼지 못하면, 배려하고 돕는 마음을 키우기보다 자기방어에 더 많은 에너지를 쓰게 됩니다. 마음이 자라야 할 자리에 경계심이 먼저 자리를 잡는 것입니다.

그리고 전국 어디든 교실이라는 공간은 특별한 공통점이 하나 있습니다. 바로 3월 초입니다. 아무리 교사가 교육 철학을 갖고 일관되게 노력하더라도, 학기 초는 모두에게 특별합니다. 새로운 환경에 적응하기 위해 선생님도 아이들도 많은 에너지를 쓰고, 그만큼 심리적·신체적으로 불안정해지기 쉽습니다. 그래서 학기 초에는 사소한 일에도 크게 반응하고, 서로를 오해하는 일이 잦아집니다. 교사가 심리적·체력적으로 안정된 상태에서 아이를 포용하기보다 교사와 아이들 모두 여러 가지의 이유로 마음과 몸이 흔들리기 쉬워 작은 갈등이 크게 번지기도 합니다.

그래서 담임교사는 아이들에게 알려 주어야 합니다. 낯설고 긴장되는 마음은 새로움을 만날 때 누구나 겪는 자연스러운 과정이며, 선생님 역시 그 시기를 지나 적응하기 위해 노력하고 있다는 사실을 말입니다. 3월에 벌어지는 당황스럽고 속상한 일들은 '이상한 일이어서'가 아니라, 서로를 맞춰 가는 과정에서 충분히 일어날 수 있는 일임을 이해시키고, 그 문제를 함께 해결해 가는 경험 속에서 학급이 단단해진다는 것을 느끼게 해야 합니다.

학급을 슬기롭게 만들어 가는 일은, 마치 밭을 고르는 일과 닮았습니다. 불필요한 돌을 골라내고, 흙을 다듬고, 잡초를 뽑은 뒤 씨앗을 심어 뿌리내리게 하는 과정처럼 말입니다. 이 과정은 누가 시켜서 하는 것이 아닙니다. 칭찬을 받기 위해서도 아닙니다. 마음속에서 '내가 해야 한다'라고 스스로 결심할 때 비로소 시작됩니다.

학기 초부터 이런 생각을 바탕으로 수업과 학급 분위기를 함께 만들어 가는 교실에서 마음교육은 비로소 뿌리를 내립니다. 마음교육이 씨앗이라면, 교실 환경은 토양입니다. 씨앗이 비옥한 토양에서 뿌리를 내리고 꽃을 피우듯, 마음교육이 자라기 위해서는 먼저 마음이 따뜻해지는 교실 환경이 마련되어야 합니다.

1. 심리적으로 안정감을 주는 환경

심리적 안정감이 있는 교실을 만들기 위해서는 다음 세 가지를 고려해야 합니다.

첫째, 교실 공간 자체가 아이들에게 '마음이 머무는 곳'이 되도록 디자인되어야 합니다. 단순히 정돈된 교실이 아니라, 들어서는 순간 "여긴 안전하다"라는 메시지가 전달되는 공간이어야 합니다.

둘째, 아이와 아이, 교사와 아이 사이에 신뢰와 공감이 흐르도록 관계적 장치를 마련해야 합니다. 관계는 자연스럽게 생기기도 하지만, 교실에서는 의도적으로 설계될 때 더 단단해집니다.

셋째, 아이가 실패하거나 실수하더라도 괜찮다는 심리적 안전망이 필요합니다. 실수의 순간에 비난 대신 회복의 언어가 작동될 때, 아이들은 긴장보다 도전할 용기를 얻게 됩니다.

가. 물리적 환경 구성

(1) 우리 교실 마음 갤러리

교실 한쪽에 '마음 갤러리'를 마련해 '나는 누구인가?'를 인식하는 자료들을 게시합니다. 아이들이 충분한 시간을 들여 자신을 들여다볼 때, 교실은 단순한 학습공간을 넘어 자기 정체성을 확인하고 존중받는 공간이 됩니다. "나는 어떤 사람인가?", "나는 어떤 관계를 만들고 싶은가?"를 스스로 질문하는 과정은 자연스럽게 자기 인식의 기회로 이어집니다.

① 나의 마음 인사 <마음아 안녕?>

이 활동은 자기 인식을 돕고 정서를 표현하는 데 효과적입니다. 아이들은 손에 든 풍선을 통해 '나'의 마음을 시각화하고, 그 풍선에 '내가 사람들에게 듣고 싶은 말'을 적어 보면서 자신의 욕구와 감정을 스스로 알아차리고 표현하게 됩니다.

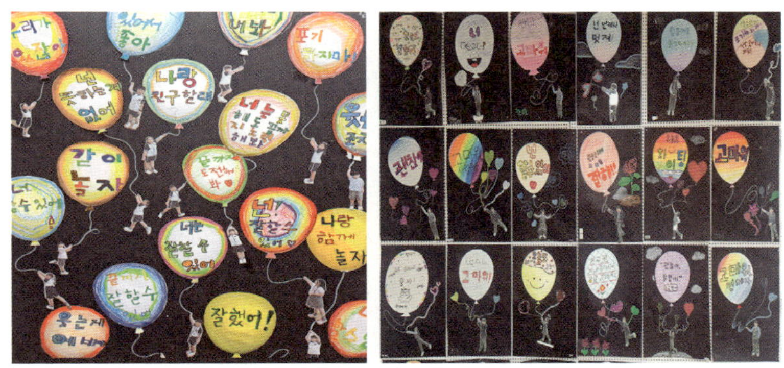

저학년 활동 고학년 활동

저학년과 고학년 아이들이 적은 『마음아 안녕』 풍선의 문구를 보면 흥미로운 공통점이 드러납니다.

아이들이 듣고 싶어 하는 말, 즉 아이들의 마음을 따뜻하게 만들고 행동의 변화를 이끄는 말은 "잘했어", "멋있어" 같은 성취 중심의 칭찬보다, "고마워", "괜찮아"와 같은 관계의 언어라는 점입니다.

20년 넘게 교실에서 아이들을 만나며 느낀 점도 같습니다. 아이들의 마음을 움직이는 힘은 의외로 '칭찬'보다는 감사와 인정에 더 가까웠습니다. "고마워"에는 '너는 나에게 필요한 존재'라는 메시지를 담기고, "괜찮아"에는 실수해도 관계가 끊기지 않는다는 안정감이 담깁니다. 아이들은 그 말 속에서 이 공동체에 속해 있다는 소속감을 얻습니다.

② 표정 속 마음 읽기 <나의 감정 언어 사전>

아이들이 자신의 다양한 감정을 담은 표정을 촬영하고, 인공지능(AI) 프로그램을 활용해 이미지로 변환하여 '감정 언어 사전'을 만듭니다. 감정은 머릿속에서 떠다니는 것이 아니라, 표정과 몸짓을 통해 드러납니다. 이를 시각화하면 아이들은 감정을 더 또렷하게 인식하고, 말로 표현할 실마리를 얻게 됩니다.

▶ 감정 정의하기(나만의 문장 만들기)

나에게 (행복함)이란, ( )때 느낀 감정

예) 나에게 행복함이란 여행에서 처음 본 풍경 앞에서 느껴지는 마음

나에게 행복함이란 바쁜 엄마가 하루 종일 나와 함께 있을 때 느껴지는 마음

행복하다	기쁘다	신난다	기대된다	반갑다
편하다	뿌듯하다	기대된다	부럽다	고맙다
화가 난다	무섭다	슬프다	부끄럽다	짜증나다
걱정된다	긴장되다	놀라다	답답하다	지겹다

▶ 표정을 연출하기 → 해당 감정을 나타내는 이미지 변환하기

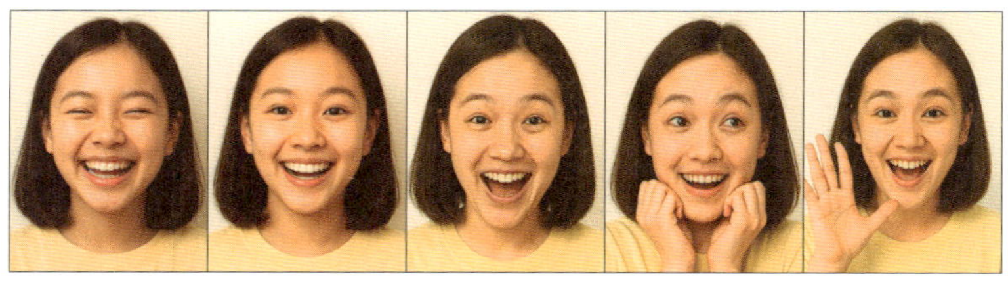

행복하다 기쁘다 신난다 기대된다 반갑다

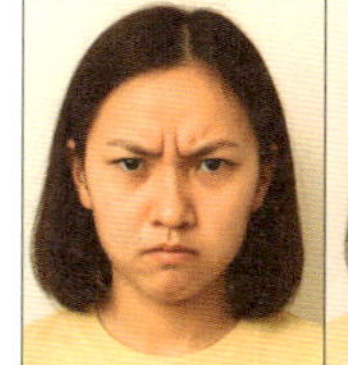

행복하다

기쁘다

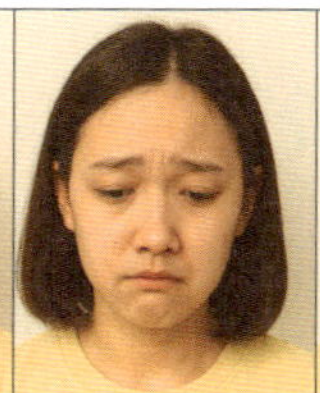

신난다

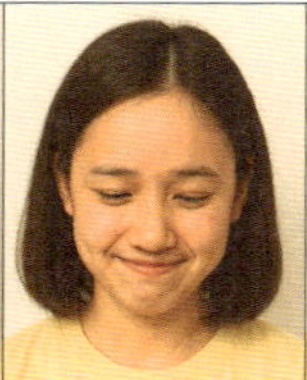

기대된

반갑다

▶ 출력하여 감정 사전 만들기
▶ 다른 친구들의 감정 사전을 보며 같은 감정의 공통점과 차이점을 찾아보기

이 활동을 통해 아이들은 마음이 상황에 따라 시시각각 변하고, 그 변화가 표정과 몸짓에 자연스럽게 드러난다는 사실을 배웁니다. 또한 감정이 '나쁜 것'이 아니라 나의 상태를 알려 주는 '신호'라는 사실을 배우게 됩니다. 말로 표현하기 어려운 마음도 표정과 몸짓을 통해 충분히 전달될 수 있음을 깨닫습니다.

한편, 아이들은 편안한 표정이 관계를 여는 힘이 되고, 거친 표정은 관계를 닫아 버릴 수도 있음을 경험합니다. 여기서 핵심은 "부정적 감정을 없애자"가 아니라, 부정적 감정이 올라올 때 내 마음을 알아차리고 조절하려는 노력을 시작하도록 돕는 것입니다.

또 하나의 핵심은 또래의 힘입니다. 교사의 설명과 지도만으로 아이들의 생활이 쉽게 달라지지 않습니다. 오히려 친구들의 표정과 이야기를 보며 "저 친구도 그런 마음을 느꼈구나"를 알아차리고, 서로의 삶을 들여다보는 경험이 쌓일수록 변화는 훨씬 자연스럽고 빠르게 일어납니다. 교실 안에서 감정 언어가 공유될수록, 아이들은 서로를 이해하는 방식 자체를 배워 갑니다.

③ 나의 마음 신호를 찾아서 <나 사용 설명서>

<나 사용 설명서>는 감정에 따라 나타나는 나만의 신호와 그때 친구들에게 바라는 도움(욕구)을 글과 그림으로 정리해 보는 활동입니다. 마치 사용 설명서처럼 "이럴 때 나는 이렇게 반응해요. 그래서 이

렇게 해 주면 좋아요."를 구체적으로 알려 주는 셈입니다.

▶ 화가 났을 때 나타나는 나의 신호와 상대에게 바라는 행동(욕구)

▶ 내가 어려워하는 사람을 만났을 때 드러나는 나만의 신호

▶ 기분이 좋을 때 나타나는 나의 신호와 상대에게 바라는 행동(욕구)

▶ 슬플 때 나타나는 나의 신호와 상대에게 바라는 행동(욕구)

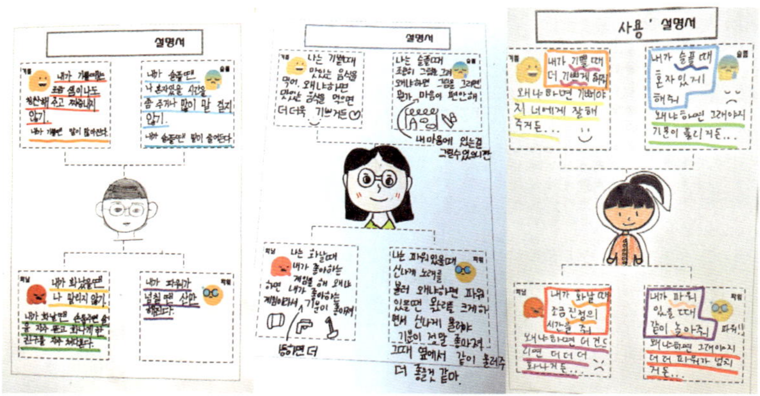

이 활동을 통해 아이들은 감정이 올라올 때 자신이 어떤 모습으로 반응하는지 이해하게 됩니다. 동시에 같은 감정을 느끼는 친구라도 표현 방식은 다를 수 있음을 알게 되어, 서로의 행동을 섣불리 판단하기보다 이해하려는 노력을 시작합니다.

또한 아이들은 감정을 표현하는 다양한 방법을 익히며, 서로의 차이를 존중하는 태도도 자랍니다. '나'를 이해하고 '너'를 이해하는 경험이 쌓일수록 교실은 조금씩 달라집니다. 서로의 마음을 더 빨리 알아차리고, 더 따뜻하게 돕는 안전한 관계의 공간으로 변해 갑니다.

④ 일상 속 행복을 발견하다 〈행복 스타그램〉

『행복 스타그램』은 아이들이 행복했던 순간을 떠올리는 힘을 기르는 활동입니다. 많은 아이들은 행복을 '특별한 사건'에서만 찾으려 하다 보니, 이미 일상에서 누리고 있는 기쁨과 따뜻함을 지나치곤 합니다. 이 활동은 당연하게 흘려보냈던 하루 속에서 행복을 발견하고, 그 감정을 스스로 알아차리도록 돕습니다.

아이들은 하루 중 행복했던 순간이나 기분이 좋았던 일을 찾아 기록하며 "나는 어떤 때 행복해지는 사람일까?"를 스스로 질문하고 답해보게 됩니다. 그림과 글, 해시태그로 표현하는 과정은 감정을 구체적인 언어와 이미지로 담아내는 연습이 되어, 자연스럽게 감정 언어화로 이어집니다.

또한 〈행복 스타그램〉을 교실에 상시 전시하면, 자기조절을 돕는 효과도 기대할 수 있습니다. 아이들은 행복했던 장면을 반복해 떠올리며 부정적 감정을 누그러뜨리고, 긍정 정서를 강화하는 경험을 하게 됩니다. 힘들거나 속상한 순간에도 "나에게도 이런 시간이 있었지"를 기억해 내며, 마음을 다시 세우는 정서적 회복력을 키워 갑니다.

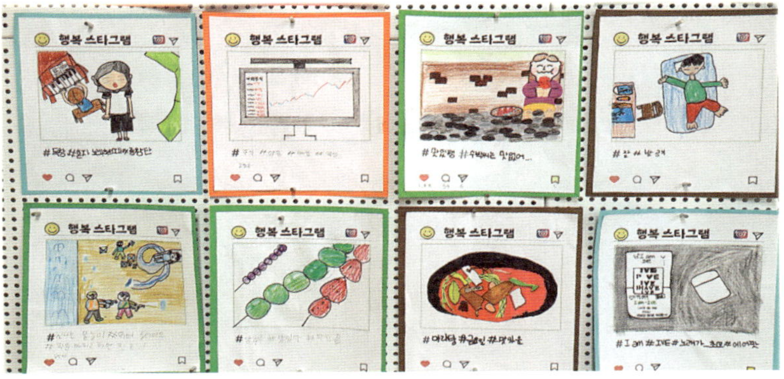

⑤ 나의 목각인형 이야기

〈나의 목각인형 이야기〉는 각자의 개성과 마음을 담아 목각인형을 꾸미며 '나'를 표현하고, 관계 속에서 배운 도덕적 가치를 시각화하는 활동입니다. 아이들은 인형에 자신의 성격과 가치관, 친구들과 어울릴 때 중요하게 여기는 태도와 마음을 담아 디자인합니다.

완성된 인형들은 교실 뒤편에 작은 인형극 무대처럼 전시합니다. 그러면 교실 한쪽에 서로의 마음이 나란히 자리 잡는 공간이 생깁니다. 아이들은 이 인형들을 매개로 자신이 다루고 싶은 주제와 이야기를 엮어 스토리를 만들고, 때로는 짧은 인형극으로 표현하며 생각을 나눕니다.

이 활동을 통해 아이들은 자기 이해를 한층 깊게 하고, 타인을 존중하는 태도를 익힙니다. 서로의 다름을 '틀림'이 아니라 '개성'으로 받아들이며, 함께 어울리는 교실 문화를 조금씩 만들어 갑니다.

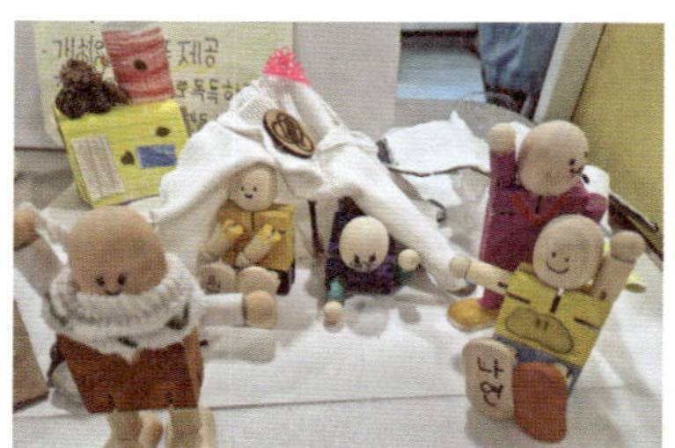

현장체험 중인 아이들

동화 속 주인공이 되어

'경청'에 대한 생각

'열정'에 대한 생각

⑥ 지금의 내 마음을 그리는 뇌지도

〈나의 뇌 속 생각지도〉는 마음속에 자리한 생각과 감정을 '뇌의 구조'에 빗대어 시각적으로 표현하는 활동입니다. 아이들은 머릿속에서 큰 비중을 차지하는 생각, 자주 떠오르는 감정, 그리고 마음 한켠에 조용히 간직해 온 작은 바람을 그림과 색으로 나타냅니다.

이 과정을 통해 아이들은 자기 내면을 한 걸음 떨어져 바라보며 자신에게 질문하게 됩니다. "나는 어떤 생각을 자주 하는 사람일까?", "무엇이 나를 움직이게 할까?" 같은 '자기 이해의 질문'이 자연스럽게 열립니다.

완성된 생각지도를 교실에 전시하면 서로의 작품을 보며 "너는 이런 생각을 많이 하는구나!", "그 마음이 이해돼"라고 말할 수 있는 시간이 생깁니다. 그 과정에서 교실은 서로의 마음 세계를 더 깊이 알아주고 공감하는 따뜻한 공간으로 확장됩니다.

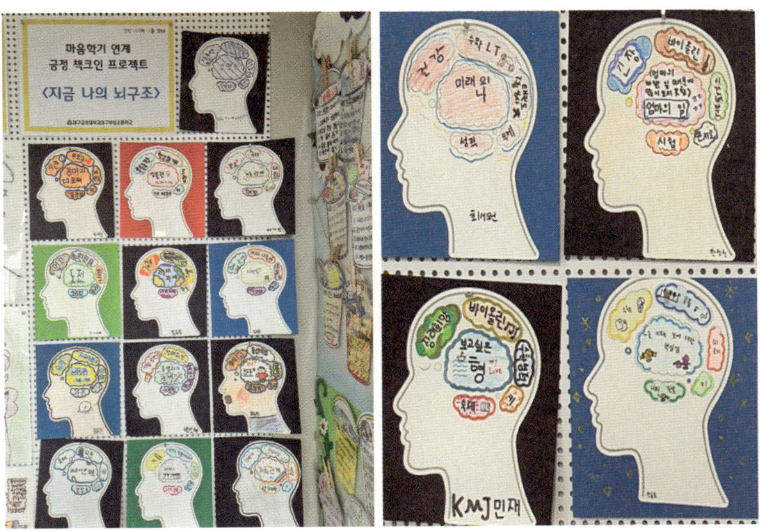

⑦ '우리가 함께 만들어 가는 약속

〈우리가 함께 만들어 가는 약속〉은 3월, 우리 반이 어떤 방향으로 성장해 갈지 함께 고민하며 모두가 공감할 수 있는 학급의 약속을 세우고 시각화하는 활동입니다. 교사가 정해 주는 규칙이 아니라, 아이들이 먼저 "우리가 되고 싶은 모습"을 먼저 그린 뒤 그에 맞는 약속을 만들어 간다는 점에서 출발점이 다릅니다.

아이들은 먼저 우리 반의 공동 목표 즉, '우리가 만들고 싶은 교실의 모습'을 정합니다. 그리고 그 목표를 현실로 만들기 위해 필요한 실천 약속을 '행동 언어'로 함께 구체화합니다. 예를 들어 '서로 존중하는 반'이라는 목표를 세웠다면, "말 끊지 않기", "놀리기 대신 부탁하기", "실수했을 때 괜찮다고 말해주기"처럼 실제로 할 수 있는 행동 언어로 바꾸어 보는 것입니다.

여기에 한 단계 더해, 갈등이 생겼을 때 서로의 마음을 존중하며 문제를 풀어갈 수 있도록 '문제가 풀리는 대화 규칙'도 함께 만듭니다. 갈등을 없애는 것이 아니라, 갈등이 생겼을 때 관계를 해치지 않고 회복하는 방법을 교실의 공통 언어로 세우는 과정입니다. 완성된 약속과 규칙은 교실에 게시하여 누구나 수시로 확인할 수 있게 합니다.

이 활동을 통해 아이들은 '정해진 규칙을 따르는 아이'가 아니라, 스스로 만든 약속을 지키는 공동체의 구성원으로 성장합니다. 책임감과 배려가 자연스럽게 길러지고, 학급은 "함께 노력하는 관계"를 배우는 공간으로 단단해집니다.

① 공동 목표 → ② 실천 약속 → ③ 대화 규칙

나. 공간 배치 및 따뜻한 분위기

교실의 물리적 환경은 아이들의 마음을 조용히 안정시키는 '배경'이 됩니다. 먼저 눈의 피로를 줄일 수 있는 부드러운 색감을 기본으로 선택합니다. 과한 시각 자극은 집중을 방해하고 긴장감을 높일 수 있으므로, 교실 전체의 톤은 편안하고 단정하게 유지하는 것이 좋습니다.

또한 칠판 앞쪽 공간은 수업의 중심이 되는 자리인 만큼, 학급 목표나 약속처럼 꼭 필요한 내용 외에는 게시물을 최소화합니다. 시선이 가장 많이 머무는 공간이 정돈되어 있을 때, 아이들의 주의도 자연스럽게 안정됩니다.

아침 활동 시간이나 만들기 · 그리기처럼 오랜 시간 집중이 필요한 수업에는 자연 소리나 은은한 배경 음악을 활용해 교실의 분위기를 부드럽게 만들어 줍니다. 소리 환경을 조금만 조절해도 아이들의 긴장이 낮아지고 몰입이 쉬워집니다.

마지막으로, 아이들에게 작은 선택권을 주는 것도 심리적 안정감을 높이는 방법입니다. 앉을 자리, 활동 방식, 쉬는 시간의 놀이 선택처럼 일상 속 작은 결정에 참여할 때, 아이들은 교실을 '통제받는 공간'이 아니라 '내가 주도적으로 머물 수 있는 안전한 공간'으로 느끼게 됩니다.

2. 교사- 아이 관계적 환경 조성

가. 나와 마음 이야기 나누기

① 내 자리 속 작은 쉼터

우리는 늘 '누가 나에게 관심을 주는가?'를 확인하며 살아가고, 때로는 관심을 받기 위해 애쓰기도 합니다. 그러나 진짜 중요한 출발점은 내가 나에게 먼저 관심을 기울이는 일입니다. 자신의 마음을 돌보는 시간이 있을 때, 아이들은 비로소 자신을 믿고 인정하는 힘을 키워 갑니다.

그래서 책상 아래나 옆면에 작은 '마음 포켓'을 만들어 줍니다. 마음카드나 마음일기처럼, 내 마음을 담아둘 수 있는 자료를 넣어 두는 자리입니다.

이 작은 공간은 아이에게 "언제든 내 마음을 꺼내어 들여다볼 수 있다"는 메시지를 줍니다. 필요할 때 잠시 멈춰 자신의 상태를 확인하고, 다시 고요하게 정리한 뒤 다시 돌아갈 수 있는 '나만의 안전한 쉼터'가 되어 줍니다.

② 마음카드

이 활동은 하루의 경험을 돌아보며 자신의 감정을 인식하고, 감정에 이름을 붙이는 힘을 기르도록 돕습니다. 마음카드는 아이가 자신을 다그치기 위한 도구가 아니라, 마음을 이해하고 다음 선택을 준비하는 작은 성찰의 안내서입니다.

♥마음카드【그때의 나는?】

화가 났던 상황을 떠올리고, 내가 어떤 행동을 했는지 적어 봅니다.

▶ 질문 1 : 그때 나는 왜 그렇게 행동했을까?

▶ 질문 2 : 그 상황에서 내가 정말 바랐던 것은 무엇이었을까?

▶ 질문 3 : 다음에는 어떻게 하면 더 좋을까?

▶ 오늘의 나에게 주는 '시크릿 문구'를 적으며 스스로 격려합니다.

♥마음카드【오늘 중심 감정은?】

하루 학교생활을 떠올리며 가장 기억에 남는 일을 짧게 기록합니다.

▶ 질문 1 : 왜 그 순간이 특별하게 기억에 남았을까?

▶ 질문 2 : 그때 어떤 감정을 느꼈을까?

▶ 질문 3 : 오늘 나에게 해 주고 싶은 말은 무엇일까?

이 활동은 아이가 자기 경험을 감정과 연결해 정리하도록 돕고, "내 마음을 내가 읽는 습관"을 만들어 줍니다. 작은 기록이 쌓일수록 아이들은 감정에 끌려가기보다, 감정을 이해하고 다루는 힘을 조금씩 키워 갑니다.

나. 친구와 마음 이야기 나누기

① 공동체 동그라미 대화

〈공동체 동그라미 대화〉는 아이들이 원형으로 둘러앉아 서로의 생각과 감정을 안전하게 나누는 관계 회복형 공동체 대화입니다. '문제를 따지는 시간'이 아니라, 마음을 꺼내 놓고 다시 연결되는 시간을 만드는 것이 목표입니다.

모둠 또는 학급 전체가 동그랗게 앉은 뒤, '말하는 돌'이나 LED 미니 촛불처럼 발언권을 상징하는 물건을 활용합니다. 그 물건을 가진 사람만 이야기할 수 있도록 정하면, 자연스럽게 차례가 보장되고 끼어들지 않는 문화가 만들어집니다. 누구나 존중받으며 자신의 이야기를 꺼낼 수 있는 구조가 되는 것입니다.

대화 주제는 '오늘의 감정', '고마웠던 일', '마음이 힘들었던 순간', '우리 반이 더 행복해지려면?'처럼 아이들이 일상에서 곧바로 연결할 수 있는 질문으로 구성합니다. 말하는 아이는 자신의 마음을 솔직하게 표현하고, 듣는 아이는 끼어들지 않으며 눈 맞춤, 고개 끄덕임, 짧은 공감의 말로 경청합니다.

이때 교사의 역할은 '판단'이나 '해결'이 아니라 듣는 태도를 보여주는 것입니다. "그럴 수 있겠다.", "그 마음이 이해돼"처럼 있는 그대로를 받아들이는 언어를 모델링하며, 아이들이 공감 → 수용 → 연결의 경험을 자연스럽게 쌓도록 돕습니다.

〈공동체 동그라미 대화〉를 꾸준히 운영하면 아이들은 서로의 말을 끊지 않고 끝까지 듣는 습관을 기르고, 다름을 '문제'가 아니라 '이해의 대상'으로 바라보게 됩니다. 결국 교실에는 공감과 존중이 살아 있는 관계 문화가 조금씩 자리 잡습니다.

② 마음의 색깔 찾기 (감정 언어 교육)

따뜻한 관계적 환경을 만들기 위해서는 아이들이 자신의 감정을 말로 표현하고, 친구의 감정을 이해하며 소통할 수 있는 능력이 필요합니다. 그 핵심이 '감정 언어'입니다. 특히 3월에 감정 언어의 기초를 다져 두면, 이후 학급경영이 훨씬 부드럽고 수월해집니다. 감정은 사라져야 할 문제가 아니라, 이해하고 다루어야 할 신호이기 때문입니다.

1) 감정 낱말 익히기 - "감정의 이름을 찾아요"

그림책, 이모티콘, 감정카드 등을 활용해 다양한 감정 단어를 자연스럽게 접하게 합니다. '화남' 단어 하나도 섭섭함, 실망, 억울함, 무시당함, 불공평함처럼 더 세분화된 단어로 확장해 감정의 폭을 넓히는 어휘 놀이를 합니다.

예) "오늘 나는 '짜증'보다는 '당황스러움'에 가까웠어."

2) 감정 구체화하기 - "마음의 이유를 찾아요"

단순히 "화났어"에서 멈추지 않고 감정 + 이유를 함께 말하도록 돕습니다.

예) "약속을 어겨서 섭섭했어." / "열심히 했는데 결과가 달라서 실망했어."

교사는 "그 마음 아래에는 어떤 느낌이 숨어 있을까?"와 같은 질문으로, 아이가 자신의 감정을 더 깊이 들여다보도록 사고를 열어 줍니다.

3) 감정 연결 대화 - "마음을 전하는 대화 연습"

I-message(나 전달법)를 연습합니다.

- "너 때문에 화났어"
- " 나는 네가 내 말을 안 들어서 속상했어. O

짝 역할극, 상황카드 활동을 통해 공감 대화를 실제로 연습하게 하면, 아이들은 갈등 상황에서도 감정적으로 공격하기보다 관계를 지키는 대화법을 배워 갑니다.

4) 감정 시각화 - "색깔로 마음 표현하기"

감정 색깔표를 만들어 감정과 색을 연결합니다.

(예: 평온함=연파랑, 슬픔=남색, 행복=노랑, 분노=빨강)

수업 시작이나 하루 마무리 루틴으로 '마음 온도계'를 활용해 현재 감정을 색과 표정으로 표시하게 하면, 아이들은 자신의 상태를 점검하는 습관을 갖게 됩니다. 패들렛 샌드박스에 이미지를 올리고 메모지 · 얼굴 스티커를 덧대어 표현하도록 하면, 말로 표현하기 어려운 아이도 안전하게 감정을 드러낼 통로를 갖게 됩니다.

감정 언어 교육은 '감정을 예쁘게 말하는 법'이 아니라, 아이들이 관계 안에서 자신을 지키고 서로를 이해하기 위해 익히는 생활 관계기술입니다. 3월에 이 기초가 마련되면, 교실의 갈등은 줄어들고 회복은 더 빨라집니다.

③ 마음 피드백 대화 습관화

『마음 피드백 대화』는 친구의 말이나 행동에 단순히 반응하는 것을 넘어, 자신의 마음을 부드럽게 전하는 대화 습관을 기르는 활동입니다.

아이들은 서로의 감정표현을 들었을 때 "그랬구나, 네가 그런 마음이었구나.", "내가 네 입장이라도 속상했을 것 같아."처럼 공감과 존중의 언어로 피드백하는 연습을 합니다.

이 활동의 핵심은 다음 세 단계로 정리할 수 있습니다.

① 친구의 이야기를 끊지 않고 끝까지 듣기

② 내 마음을 '나 전달법'으로 말하기

"네가 ~했을 때, 나는 ~한 기분이었어."

③ 마음을 연결하는 문장으로 마무리하기

"그래서 나는 ~해 주고 싶어."

대화가 오갈 때 교사가 곁에 있다면, 아이의 말을 즉시 수정하거나 평가하기보다, 질문으로 길을 열어 주는 것이 효과적입니다.

"그 말에는 어떤 마음이 담겨 있을까?"

"조금 더 부드럽게 말한다면 어떤 표현이 좋을까?"

이런 되묻는 질문은 아이들의 표현을 위축시키지 않으면서도, 말의 폭을 넓혀 주는 긍정적 강화가 됩니다. 교실에서 '마음 피드백 대화'가 더 빠르게 뿌리내리는 이유도 여기에 있습니다.

마음 피드백 대화는 '해도 되고 안 해도 되는 활동'이 아니라, 교실 일상에 자리 잡아야 할 관계의 기본 언어입니다. 아이들이 상처를 주지 않고 마음을 나누는 방법을 익히면, 친구 관계에서 오해보다 이해가 먼저 자리 잡고, 갈등이 생기더라도 회복까지 걸리는 시간이 짧아집니다. 결국 이 습관은 교실을 더 안전하고 따뜻한 공동체로 만드는 힘이 됩니다.

④ 협력적 의사결정 – 함께 만들어 가는 우리 반

〈협력적 의사결정〉은 교사와 아이가 학급의 규칙, 행사, 자리 배치, 활동 방식 등을 함께 정해 가는 민주적 실천 활동입니다. 이 과정에서 아이들은 "우리 반의 일은 선생님이 정해 주는 것"이 아니라, "우리가 모두 함께 만들어 가는 것"임을 경험으로 배우게 됩니다.

협력적 의사결정은 단순히 '의견을 묻는 절차'로 끝나지 않습니다. 서로의 생각을 끝까지 듣고, 다름을 인정하며, 때로는 양보와 조정을 통해 더 나은 방향을 함께 찾아가는 관계적 배움의 과정입니다.

이러한 경험은 교실 안에 존중 · 신뢰 · 책임감이 살아 있는 따뜻한 분위기를 형성하는 토대가 됩니다.

협력적 의사결정을 실천하는 방법

협력적 의사결정은 '한 번 의견을 묻고 끝내는 절차'가 아니라, 교실 운영을 함께 책임지는 반복적 루틴이 될 때 힘을 갖습니다. 다음의 방법을 통해 교실에서 자연스럽게 실천할 수 있습니다.

✿학급 의제를 함께 정하기

교사가 정한 주제뿐 아니라 아이가 제안한 의제를 함께 다룹니다.
예: 학급 규칙, 행사 운영, 놀이 시간, 갈등 상황 해결 방법 등

✿ 의견 표현과 경청 훈련

동의하거나 이견을 말할 때 존중의 언어를 사용하도록 지도합니다.
예) "나는 조금 다르게 생각해. 왜냐하면…"
"내 생각은 ~이지만, 네 의견을 들으니 ~라고 느꼈어."

"그 말 들으니까 새로운 생각이 떠올랐어."

이 문장들은 단순한 말버릇이 아니라, 갈등을 줄이고 대화를 이어주는 교실의 안전장치가 됩니다.

✿ 의사결정 도구 활용

동그라미 대화, 의견 포스트잇 모으기, 다수결 + 공감적 토론, 공감 그래프 등 시각화된 절차를 활용해 '모두가 참여했다'라는 경험을 제공합니다.

✿ 결정 이후 돌아보기

결정은 '마침표'가 아니라 점검과 조정까지 포함한 과정임을 알려줍니다.

" 우리의 결정은 잘 작동하고 있을까?",

" 다음에는 어떻게 바꾸면 좋을까?"

의사결정을 순환적 과정으로 인식하게 하여 자기조정력 강화합니다.

교실에서 활용할 수 있는 협력적 의사결정 도구

협력적 의사결정은 '결과'보다 과정의 경험이 중요합니다. 아이들이 "내가 참여했고, 내 의견이 존중받았다"라는 감각을 가질 때 교실의 신뢰가 쌓입니다. 아래 도구들은 토의가 막히지 않도록 돕고, 다양한 수준의 동의 · 이견을 안전하게 표현하도록 돕는 장치입니다.

① 의견 온도계

아주 따뜻해요!	"완전 좋아요! 지금 바로 하고 싶어요!"
따뜻해요	"괜찮아요, 해보는 게 좋아요."
약간 따뜻해요	"좋긴 한데 조금 더 생각해 보고 싶어요."
애매해요	"잘 모르겠어요. 더 얘기 들어보고 싶어요."
조금 차가워요	"음... 아직은 별로 마음이 안 가요."
꽤 차가워요	"저는 반대해요. 다른 방법을 찾고 싶어요."

찬성은 따뜻한 쪽, 반대는 차가운 쪽에 자기 이름 스티커를 붙이거나 이름을 씁니다. 이 활동은 찬반을 넘어 '얼마나 공감하고 있는가'를 시각화하는 데 효과적이며 동의의 정도를 다양하게 표현할 수 있습니다.

활용 가능한 예 : 학급 규칙, 일인일역 선정 방식, 모둠 구성 방식 등

② 손가락 투표(5-Finger Voting)

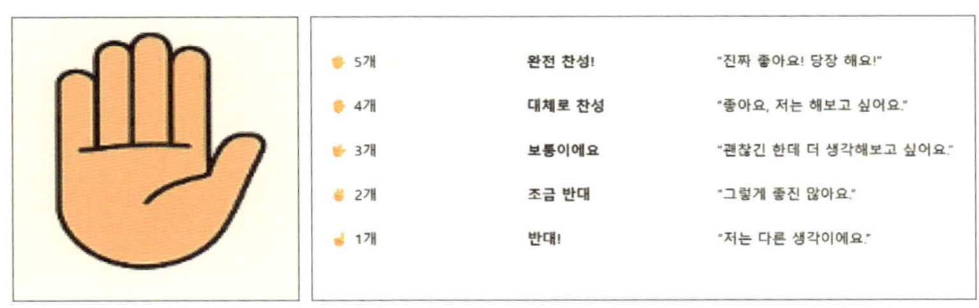

5개	**완전 찬성!**	"진짜 좋아요! 당장 해요!"
4개	**대체로 찬성**	"좋아요, 저는 해보고 싶어요."
3개	**보통이에요**	"괜찮긴 한데 더 생각해보고 싶어요."
2개	**조금 반대**	"그렇게 좋진 않아요."
1개	**반대!**	"저는 다른 생각이에요."

다섯 손가락으로 동의 정도를 표현하는 방법입니다.

(5=완전 찬성 /4=대체로 찬성 /3=보통/2=조금 반대 /1=반대)

말하기가 어려운 아이들도 비언어적 참여할 수 있고, 학급 전체 분위기를 한눈에 파악할 수 있습니다.

③ 하트·별·구름 투표(Emotion Icons Voting)

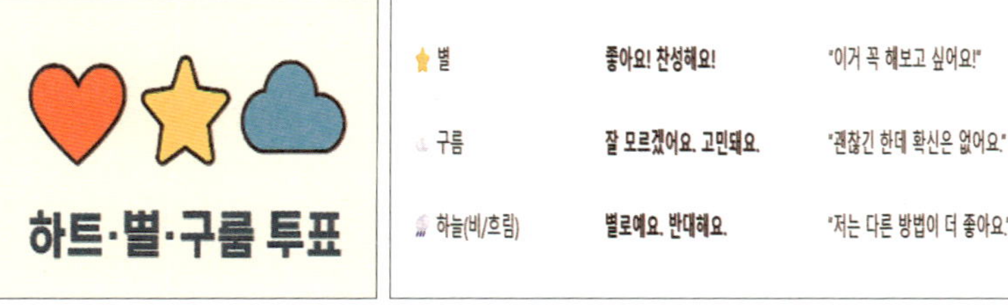

별	좋아요! 찬성해요!	"이거 꼭 해보고 싶어요!"
구름	잘 모르겠어요. 고민돼요.	"괜찮긴 한데 확신은 없어요."
하늘(비/흐림)	별로예요. 반대해요.	"저는 다른 방법이 더 좋아요."

'하트(좋아요)', '별(괜찮아요)', '구름(잘 모르겠어요)' 스티커를 사용합니다. 단순 투표로 끝내지 않고 선택 이유를 나누게 하여, "왜 하트를 붙였는지" 이야기 나누며 공감 능력을 기를 수 있습니다.

④ 의사결정 플로우차트(If – Then Chart)

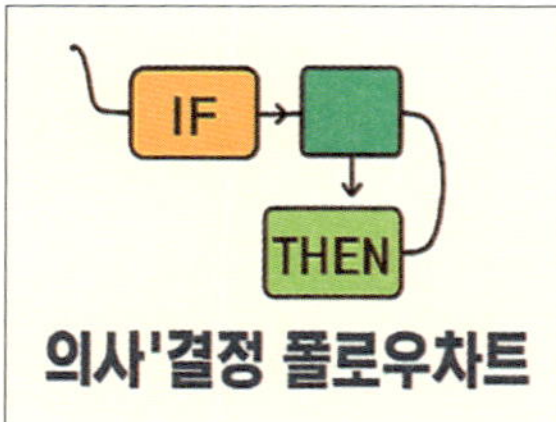

"만약 ~라면 → ~한다"와 같은 형식으로 학급에서 자주 발생하는 문제 상황에 대한 결정 경로를 함께 만듭니다.
예 : "만약 숙제를 잊었다면
→ 도움을 요청한다 / 다음 날 꼭 제출한다."

이 활동은 규칙 제정이나 문제해결 절차 시각화에 유용합니다.

⑤ 생각 모아 나무(Mind Tree Voting)

나무 부분	의미
가지(Branches)	주제 또는 문제 상황
잎사귀(Leaves)	여러 아이디어 / 다양한 의견
열매(Fruit)	함께 선택한 최종 해결책 / 실행 약속

큰 나무 그림을 그리고, 가지마다 다양한 아이디어를 적은 잎사귀 포스트잇을 붙입니다. '열매'에는 최종 결정된 아이디어를 적어 완성합니다. 시각적으로 완성도가 높고, 학급 공동체의 상징물로 전시하기에도 효과적입니다.

⑥ 룰렛 결정판(Decision Wheel)

룰렛을 돌리기 전 선택지를 함께 정하고 그 칸에 적히는 내용은 모두 수용하기로 미리 합의합니다. 누가 룰렛을 돌렸는지는 중요하지 않으며 룰렛이 멈춘 뒤에는 나온 선택지를 학급의 약속으로 함께 받아들이는 것이 핵심입니다.

학급 규칙, 놀이, 주제 선정 등 선택지가 많을 때 온라인 룰렛이나 직접 만든 돌림판을 활용해 결정합니다. 랜덤이지만 룰렛에 넣은 항목은 사전에 다수의 동의를 얻어 충분히 수용 가능한 선택지로 구성해야 합니다. 특히 주어진 시간 안에 주제나 놀이를 빠르게 정해야 할 때 유용합니다.

⑦ 의사결정 피라미드

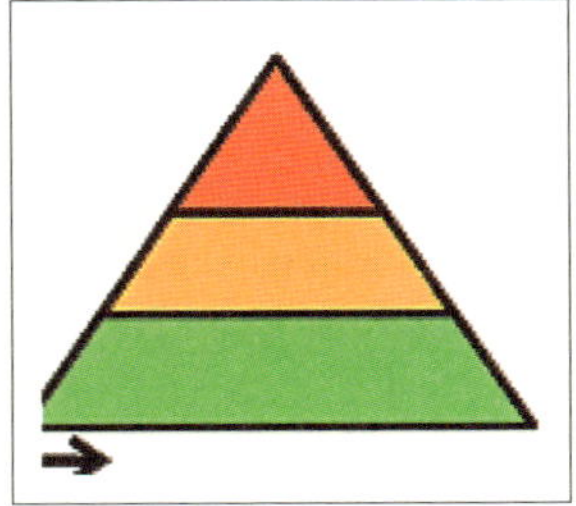

- 맨 위(1위) : 지금 당장 필요하고 모두가 동의할 수 있는 최우선 결정
- 가운데(2위) : 필요하지만 우선순위가 조금 뒤로 미뤄도 되는 아이디어
- 아래(3순위) : 상황이 허락할 때 추진해도 되는 아이디어

가장 중요해 보이는 것, 다음으로 중요한 것, 나중에 해도 좋은 것을 3단 피라미드 형태로 정리합니다.

우선순위를 시각적으로 분류할 수 있어 협력적 토의와 합의 과정에 효과적입니다.

❽ 점 붙이기 투표(Dot Voting)

여러 아이디어 중 가장 공감과 지지가 높은 의견을 시각적으로 결정하기 위한 방법입니다.

포스트잇이나 벽면에 여러 대안을 적어두고 아이들이 스티커 점 2~3개씩 받아 자유롭게 붙입니다. 가장 많은 점을 받은 안건이 선택되지만, 투표 과정에서 아이들이 이유를 나누며 의견을 조정하고 대안을 보완하게 된다는 점이 장점입니다.

다. 선생님과 마음 약속하기

아이들이 자신의 감정을 표현하고 정리할 수 있도록, 교실 안에 '소통의 창구'를 마련합니다. 예를 들어 '마음장'처럼 마음을 적어 전할 수 있는 통로를 두면, 말로 꺼내기 어려운 감정도 안전하게 드러낼 수 있습니다. 이는 단순한 게시물이 아니라 "선생님은 네 마음을 들어줄 준비가 되어 있어"라는 신호가 됩니다.

또한 갈등이나 스트레스 상황에서 잠시 머물며 마음을 가라앉힐 수 있는 쿨다운 존을 준비합니다. 필요할 때 아이가 이 공간에서 짧은 1:1 대화를 나누며, 감정의 파도에서 잠시 벗어나 자신을 회복할 시간을 가질 수 있습니다.

① 아침열기 인사

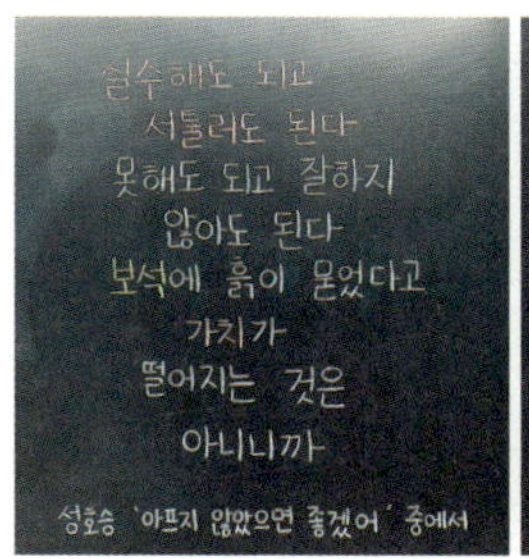

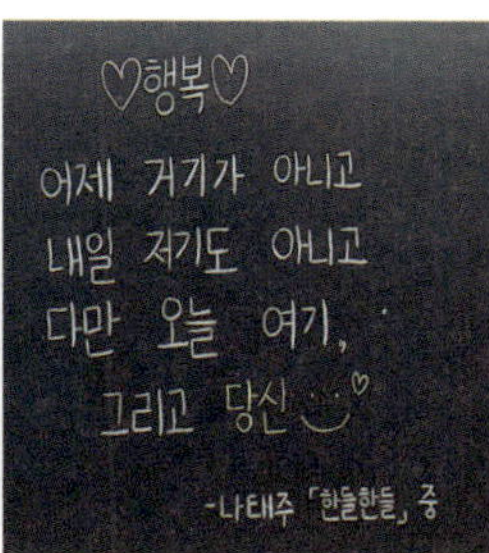

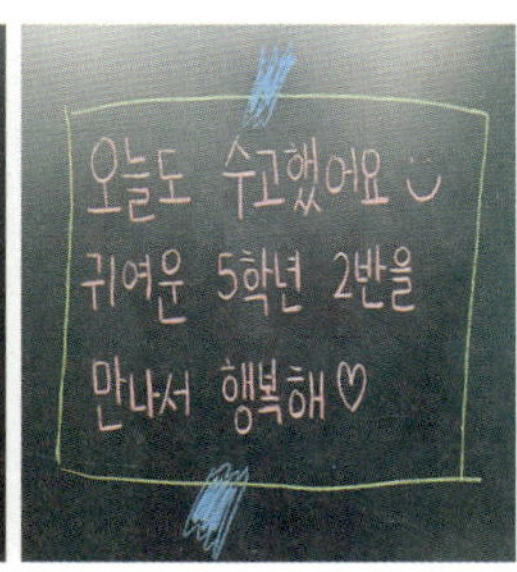

아침마다 나누는 짧은 인사는, 하루를 열어 주는 가장 따뜻한 열쇠입니다. 교실 문을 열고 들어오는 그 순간, 우리는 먼저 '공부하는 사람'이 아니라 '서로를 만나는 사람'으로 마주합니다. 그래서 아침 처음 얼굴을 마주하는 시간은 출석을 확인하는 절차를 넘어 마음을 살피고 관계를 시작하는 작은 의식이 됩니다.

교사가 출근 전에 칠판에 짧은 인사말을 적어두면 효과는 더 커집니다. 아이들은 말이 없어도 "오늘도 반가워", "너를 기다렸어"라는 메시지를 받으며 마음을 열고, 수업은 한층 부드러운 분위기에서 시작됩니다.

② 학급 긍정 규칙 만들기

학급의 긍정 규칙은 교사가 정해 주는 목록이 아니라, 아이들과 함께 만들어 가는 과정에서 의미를 얻습니다. 핵심은 '금지 규칙'을 늘어놓는 일이 아니라, 함께 지키고 싶은 관계의 약속을 세우는 것입니다. "지키지 않으면 혼난다"가 아니라 "지키면 우리 모두가 행복해진다"라는 관점으로 전환될 때, 규칙은 통제가 아니라 공동체의 기준이 됩니다.

첫 단계는 명령이 아니라 질문으로 문을 여는 것에서 시작합니다.

"우리 반이 행복해지려면 어떤 약속이 필요할까?"

이 질문을 받은 아이들은 '지켜야 하는 규칙'이 아니라 '함께 잘 지내기 위한 약속'이라는 관점을 자연스럽게 갖게 됩니다.

두 번째 단계에서는 자유로운 아이디어 나누기가 이루어집니다. 포스트잇, 핸드 마이크, 패들렛 같은 온라인 보드 등 다양한 방식으로 의견을 모으며, 생각의 장벽을 낮추는 브레인스토밍 시간을 갖습니다. 이때는 옳고 그름을 따지기보다, 누구나 편안하게 말할 수 있는 분위기를 만드는 것이 중요합니다.

세 번째 단계는 의견을 모아 정리하는 과정입니다. 비슷한 내용끼리 묶고, 많은 의견 속에서 우리 반을 가장 잘 지탱해 줄 3~5개의 핵심 약속을 추려냅니다. "무엇이 더 중요할까?", "어떤 표현이 우리 반에 더 어울릴까?" 같은 대화가 오가며, 아이들은 자연스럽게 합의의 경험을 쌓습니다.

네 번째 단계에서는 문장을 다듬습니다. "~하지 않는다" 같은 금지형 표현보다는, "서로를 위해 ~하려고 노력한다"처럼 긍정적이고 관계적인 문장으로 바꾸는 것이 원칙입니다. 아이들의 언어로 정리된 약속은 '지시'가 아니라 '다짐'이 됩니다.

마지막으로 완성된 약속은 우리 반의 공식 선언문이 됩니다. 손도장, 서명, 스티커, 선언식처럼 아이들이 직접 참여하는 방식으로 시각화해 교실에 게시합니다. 그 순간 약속은 종이 위 문장을 넘어, "우리가 함께 만들었다"라는 공동체의 힘으로 살아 움직이기 시작합니다.

학급긍정규칙 만들기 5단계 흐름도

③ 비판과 판단보다 공감 중심 피드백 대화

교실에서 오가는 피드백의 언어는 학급의 관계 문화를 결정짓는 중요한 요소입니다. 평가 중심의 말이 익숙한 교실에서는 "잘했어", "그렇게 하면 안 되지!" 같은 문장이 자연스럽게 나오지만, 이런 말은 행동을 판정할 뿐 아이의 마음까지 닿기 어렵습니다. 마음교육이 바탕이 된 학급에서는 옳고 그름을 서둘러 가르기보다, 마음을 먼저 이해해 주는 피드백 대화가 중심이 됩니다.

교사가 먼저 보여줄 수 있는 언어는 의외로 단순합니다.

"너 왜 그렇게 했어?" 대신, "그 상황에서 당황했을 수 있겠다. 다음에는 어떤 방법이 좋을까?"

이 한 문장 안에는 이해 → 공감 → 성장적 제안이라는 세 단계가 함께 담겨 있습니다.

공감 중심 피드백은 행동을 즉시 바로잡는 데만 목적을 두지 않습니다. 먼저 마음을 알아주고, 그다음에 가능한 선택지를 함께 찾는 방식입니다. 공감 피드백을 자주 경험한 아이들은 실수에도 쉽게 위축되지 않고, "다시 해볼 수 있다"라는 용기를 키워 갑니다. 이런 분위기가 형성되면 또래 간 피드백도 달라집니다. 단순한 반응이 아니라 관계를 돌보는 말로 바뀌기 시작합니다. 예를 들어 친구의 행동이 불편했을 때 "그게 싫었어"에서 멈추지 않고, 다음과 같이 표현하도록 안내할 수 있습니다.

표현이 서툰 아이들에게는 아래와 같은 '대화의 손잡이(문장 틀)'을 제공하는 것이 효과적입니다. 아이들은 말이 부족해서가 아니라 어떻게 말해야 하는지 몰라 관계를 서툴게 만들 때가 많기 때문입니다. 공감 중심 피드백 대화가 교실에 자리 잡을수록, 아이들은 상처를 남기지 않고 마음을 나누는 방법을 배우고, 갈등 이후에도 더 빠르게 회복하는 공동체로 성장해 갑니다.

상황	말하기 예시
공감 표현	"네가 그 말을 들었을 때 속상했겠구나."
I-message	"나는 네가 말 끊었을 때 아쉬웠어."
연결 마무리	"그래서 나는 다음엔 기다려 줄게."

아이들이 이런 말을 일상에서 주고받기 시작하면, 교실은 '말이 상처가 되는 공간'이 아니라, 말이 관계를 회복시키는 공간으로 바뀌기

시작합니다. 이것이 마음교육이 길러주는 언어 습관이며, 아이들이 교실을 넘어 삶의 자리에서도 꺼내 쓸 수 있는 평생의 대화 도구가 됩니다.

④ 비밀 보장 '마음장' 운영

'마음장(心籍)'은 아이들이 입 밖으로 꺼내기 어려운 감정까지도 안전하게 맡길 수 있도록 마련한 감정 보관함입니다. 모든 마음이 말로 정리되는 것은 쉽지 않습니다. 어떤 감정은 아직 이름을 붙이기 전이고, 어떤 마음은 누군가에게 직접 말하기까지 용기가 필요합니다. 이럴 때 마음장은 '말 사이의 빈틈'을 메워 주는 비밀 보장형 소통 창구가 됩니다.

아이들은 마음장에 쪽지, 기호 메모, 스티커, 짧은 편지 등 다양한 방식으로 마음을 남길 수 있습니다. 중요한 것은 형식이 아니라, "내 마음을 안전하게 꺼내도 괜찮다"라는 경험을 주는 것입니다.

교사는 매일 또는 주 1회 등 일정한 주기로 마음장을 확인하고, 아이의 마음에 응답합니다. 때로는 교사의 어린 시절 경험을 떠올리며 공감해 주고, 때로는 상황을 정리해 주거나 구체적인 해결 방안을 찾아 줄 수도 있습니다. 핵심은 아이가 "나는 혼자가 아니구나"를 느끼도록 돕는 일입니다.

바쁜 일상에서도 매년 마음장을 활용하며 느끼는 것이 있습니다. 교사의 긴 문장이 아니더라도, 짧은 문장만으로도 아이들에게 '이곳은 감정을 숨기지 않아도 되는 곳'이라는 안도감을 줄 수 있다는 것입니다. 마음이 자라는 교실은 거창한 프로그램보다, 이렇게 조용히 마음을 맡길 수 있는 공간 하나에서부터 시작되기 때문입니다.

⑤ SEL루틴 도입

사회정서학습(SEL) 루틴은 아이들이 자신의 감정과 행동을 알아차리고 조절하며, 타인과 긍정적인 관계를 맺고, 책임 있는 선택을 할 수 있도록 돕는 매일의 반복 습관입니다. 특별한 프로그램이 아니라, 교실 일상에서 짧게라도 꾸준히 실천되는 작은 루틴이 쌓일 때 SEL은 비로소 아이들의 삶의 기술로 자리 잡습니다.

학급경영에 스며든 SEL 루틴 운영 예시

시점	활동명	중점내용
등교 직후	감정 체크인	감정 온도계, 감정 색깔표로 '지금 내 마음' 확인하기
수업 전	마음열기 질문	짧은 질문으로 마음 열기 예 : "오늘 내 마음은 어떤 날씨일까?"
갈등 상황	STOP 루틴	멈추기(STOP) → 감정 · 원인 파악 → 선택지 생각 → 행동 선택하기
수업 활동 중	공감언어	공감 대화 문장 틀 활용 ("나는 ~해서 ~했어", "네 마음은 ~일 수 있겠다")
수업 활동 후	마음정리 카드	오늘의 나를 돌보는 말 한 문장 쓰기(회복 · 격려 문장)
학교생활 마무리	마음 되돌아보기	고마웠던 점/좋았던 순간 나누기 (감사루틴)

6장. 마음교육 수업 설계 방법

영역	사회정서 역량	핵심역량	내용 요소
자기	자기인식 관리	자기인식	자기 인식(기본적 감정 인식, 스트레스 인식), 자아 존중감 (회복탄력성) 자기효능감 (강점과 약점을 인식하기 등)
		자기관리 (자기조절)	감정조절(부정적 생각과 감정에 대처, 스트레스 조절), 행동조절(화를 조절하는 방법, 마음 챙김 훈련) 자기 주도성 발휘(개인의 목표와 과제 설정 및 실천 등)
관계	소통 · 협력	관계인식	타인이해 (타인의 생각과 감정 존중) 타인관점과 공감 (타인의 관점으로 공감, 다양성 수용)
		관계관리	의사소통 (자기주장 표현기술 및 합리적인 의사소통 기술) 대인관계, 갈등해결
공동체	책임	공동체 가치 인식 공동체 관리	소속감과 협력(공동체 인식, 공동체 규칙 준수,) 책임 있는 의사결정(사회적 측면에서의 자기 성찰, 책임감 가지기, 주도성을 가지고 문제 해결 등)
마음건강	마음돌봄	정신건강 인식과 관리	마음건강이해(자살예방, 정신건강 이해와 관리) 마음건강 어려움에 대처(정신건강 관련 지원, 도움 요청)

(2025.1. 한국형 사회정서교육 프로그램 발췌)

영역	사회정서 역량	핵심역량	교육 내용
자기	자기인식 관리	자기인식	자신의 감정과 신체, 행동과의 연결성 인식하기 '나 이해하기'를 통한 자신의 고유성에 대해 인식하기
		자기관리 (자기조절)	상황마다 달라지는 자신의 감정에 대해 조절하는 방법 익히기 스트레스(화)에 대처하는 나만의 방법 발견하기 부정적인 생각을 긍정적인 생각으로 변환시키는 방법 익히기 더 나은 내가 되기 위한 목표 설정하고 실천을 통해 작은 성공 경험 가지기
관계	소통 · 협력	관계인식	타인의 생각이 자신의 생각과 다른 이유(관점)를 이해하기 평가가 아닌 관찰을 기반으로 타인의 생각과 행동을 수용할 줄 아는 태도 기르기
		관계관리	자기의 생각을 상대방의 기분을 상하지 않게 표현하는 방법 익히기 타인에게 사과할 때 활용하는 방법 익히기 소수의 의견도 존중하며 의견을 정하는 방법 익히기
공동체	책임	공동체 가치 인식 공동체 관리	'함께 한다'라는 의미를 이해하고 소속감 기르는 활동하기 내가 선택한 결정에 대해 책임감 가지기 다양한 갈등 상황에서 주도성을 가지고 함께 문제를 해결하기
마음건강	마음돌봄	정신건강 인식과 관리	정신건강의 중요성을 알고 나의 정신건강을 위한 방법 찾기 정신건강에 문제가 있을 때 도움을 요청하는 방법 알고 실천하기

(2025.1. 한국형 사회정서교육 프로그램 발췌)

1. 연간 · 월간·차시별 계획 세우기

가. 마음교육 연계 가능한 2022 개정 교육과정 성취기준 추출하기

(1) 1~2학년

(가) 국어

교과	영역	성취기준	핵심 역량
국어	듣기 · 말하기	[2국01-02] 바르고 고운 말로 서로의 감정을 나누며 듣고 말한다. [2국01-03] 상대의 말을 집중하여 듣고 말차례를 지키며 대화한다.	자기관리
	읽기	[2국02-04] 인물의 마음이나 생각을 짐작하고 이를 자신과 비교하며 글을 읽는다.	사회적 인식
	쓰기	[2국03-02] 쓰기에 흥미를 가지며 자신의 생각이나 느낌을 문장으로 표현한다.	자기인식

(나) 통합교과

교과	영역		성취기준	핵심 역량
통합	1학년	우리는 누구로 살아갈까	[2바01-01] 학교 생활 습관과 학습 습관을 형성하여 안전하고 건강하게 생활한다. [2바01-03] 가족이나 주변 사람을 배려하며 관계를 맺는다. [2즐01-03] 가족이나 주변 사람과 소통하며 어울린다.	자기관리
		우리는 지금 어떻게 살아갈까	[2바03-01] 하루의 가치를 느끼며 지금을 소중히 여긴다. [2바03-04] 공동체 속에서 지속 가능성을 위한 삶의 방식을 찾아 실천한다.	자기관리
	2학년	우리는 누구로 살아갈까	[2슬01-02] 나를 탐색하여 나에 대해 설명한다. [2바01-02] 나를 이해하고 존중하며 생활한다. [2즐01-02] 놀이하며 내 몸의 움직임이나 감각을 느낀다. [2바01-01] 학교 생활 습관과 학습 습관을 형성하여 안전하고 건강하게 생활한다.	자기인식
		우리는 어디서 살아갈까	[2바02-03] 차이나 다양성을 서로 존중하면서 생활한다.	사회적인식

(2) 3~4학년

(가) 도덕

교과	영역	성취기준	핵심 역량
도덕	자신과의 관계	[4도01-01] 자신의 감정을 소중히 여기며 존중하는 태도를 바탕으로 내가 누구인가를 탐구한다.	자기 인식
		[4도01-04] 다른 사람의 관점을 수용할 수 있는지를 도덕적으로 검토하고 도덕규범을 내면화하여 도덕적으로 행동할 수 있는 자세를 기른다.	관계기술
	타인과의 관계	[4도02-02] 친구 사이의 배려에 대한 올바른 이해를 바탕으로 일상생활에서 배려에 기반한 도덕적 관계를 맺을 수 있는 방안을 탐색한다.	관계기술
		[4도02-03] 공감의 태도가 필요한 이유를 이해하고 도덕적 상상력을 바탕으로 대상과 상황에 따라 감정을 나누는 방법을 탐구하여 실천한다.	사회적 인식

(나) 사회

교과	영역	성취기준	핵심 역량
사회	사회 문화	[4사03-02] 우리 사회에 다양한 문화가 확산되면서 나타나는 긍정적인 효과와 문제를 분석하고 나와 다른 사람이나 집단의 문화를 존중하는 태도를 기른다.	사회적 인식

(다) 국어

교과	영역	성취기준	핵심 역량
국어	듣기 · 말하기	[4국01-03] 상황에 적절한 준언어 · 비언어적 표현을 활용하여 듣고 말한다. [4국01-04] 상황과 상대의 입장을 이해하고 예의를 지키며 대화한다. [4국01-06] 주제에 적절한 의견과 이유를 제시하고 서로의 생각을 교환하며 토의한다.	자기관리
	쓰기	[4국03-04] 목적과 주제를 고려하여 독자에게 마음을 전하는 글을 쓴다.	자기관리
	문학	[4국05-04] 감각적 표현에 유의하여 작품을 감상하고, 감각적 표현을 활용하여 자신의 생각이나 감정을 표현한다.	자기인식
	문법	[4국04-03] 목적과 주제를 고려하여 독자에게 마음을 전하는 글을 쓴다. [4국04-04] 글과 담화에 쓰인 높임 표현과 지시 · 접속 표현을 이해하고 상황에 맞게 표현한다.	관계기술

(3) 5~6학년

(가) 도덕

교과	영역	성취기준	핵심 역량
도덕	자신과의 관계	[6도01-01] 감정과 욕구를 조절하지 못해 나타날 수 있는 결과를 도덕적으로 상상해보고, 올바르게 자신의 감정을 조절하고 표현할 수 있는 방법을 습관화한다. [6도01-01] 자주적인 삶에 대한 이해를 바탕으로 자신의 생활계획을 세우고 실천하여 주체적인 삶의 태도를 기른다. [6도01-02] 생활 습관에 대한 성찰을 통해 자기 생활을 점검하고 올바른 계획을 세워 이를 실천한다.	자기인식 자기관리
	타인과의 관계	[6도02-02] 편견이 발생하는 이유를 탐색하여 해결 방안을 살펴보고, 다양성 존중을 바탕으로 다른 사람과 올바른 관계를 맺기 위한 실천 방안을 탐구한다.	사회적 인식
	자연과의 관계	[6도04-02] 지속가능한 삶의 의미를 탐구하고 미래 세대에 대한 책임을 강화하여 자연의 다양성을 존중하고 생산성을 유지할 수 있는 미래를 위한 실천 방안을 찾는다.	책임 있는 의사결정

(나) 국어

교과	영역	성취기준	핵심 역량
국어	듣기 · 말하기	[6국01-07] 상대가 처한 상황을 이해하고 공감하며 듣는 태도를 지닌다. [6국01-03] 주제와 관련하여 궁금한 내용을 질문하며 적극적으로 듣고 말한다. [6국05-03] 비유적 표현의 특성과 효과를 살려 생각과 느낌을 다양하게 표현한다.	자기인식
	읽기	[6국02-04] 문제 상황과 관련된 다양한 관점의 글을 읽고 이를 문제 해결에 활용한다.	책임 있는 의사결정
	문학	[6국05-06] 작품을 읽고 자신의 삶과 연관 지어 성찰하는 태도를 지닌다.	사회적 인식

(다) 실과

교과	영역	성취기준	핵심 역량
실과	인간 발달과 주도적 삶	[6실01-02] 건강한 발달을 위한 자기 관리 방법을 탐색하고, 일상생활 속에서 올바른 생활습관과 태도를 갖도록 계획하여 실천한다.	자기관리

나. 학년별 마음교육 중점 하위요소 알아보기

학년군	중점요소
1-2학년군	• 기본적 감정 인식 • 경청과 공감의 중요성 • 감정에 대한 반응의 조절 • 사회정서역량의 중요성 • 공동체 인식
3-4학년군	• 다양한 감정 인식 • 다양한 감정에 대한 기초적 자기조절 기술 • 경청과 공감을 통한 관계 맺기 • 관계 유지를 위한 의사소통기술 • 경청과 공감의 의미 • 사회정서역량의 의미와 중요성 • 공동체 개념
5-6학년군	• 경청과 공감을 통한 관계맺기 • 자기감정인식 및 감정 수용 • 인지와 정서의 관련성 • 사회적 지지 자원 활용 • 공동체 가치 인식 • 생활 속 사회정서역량 • 자신과 친구의 마음건강 인식 도움요청

2. 4주 마음교육 프로젝트 설계 시트

가. 1-2학년군 4주 마음 프로젝트 예시

"내 마음을 알고, 표현하고, 나누고, 지켜요."

■ 프로젝트 목표

- 내 마음을 알아차리고(자기 인식), 말과 몸으로 표현하며 (정서 표현)
- 친구의 마음을 듣고 공감하는 경험을 쌓고(사회적 인식)
- 마음을 진정시키는 방법을 익혀(자기 조절)
- 우리 반이 함께 지킬 마음 약속을 세운다(관계 형성)

■ 운영 원칙

- 짧고 자주 : 매일 10~15분 루틴 + 주 1회 확장 활동
- 말보다 경험 : 설명보다 놀이 · 그림 · 역할로 익히기
- 평가 금지 : "맞다/틀리다" 대신 "그럴 수 있어"로 반응하기

✿1주차 – 내 마음 알아보기<내 마음 찾기, 마음 색깔 알기>

[주간 핵심 : 감정에 이름 붙이기 + 안전하게 표현하기

- 마음색 놀이 : 여러 감정 그림 카드를 보며 감정에 색깔 입히기
- 감정 몸 표현 : 기쁨, 슬픔, 짜증, 놀람 등을 몸짓과 표정으로 표현하기
- 나만의 마음 얼굴 만들기 : 마음 얼굴에서 감정을 찾아 이름 붙이기

- 감정 일기 시작 : 글자는 없이도 간단한 그림으로 표현하는 오늘의 감정 기록하기

✿ 교사 한 문장

"마음은 매일 바뀌어. 바뀌는 마음을 알아차리면 더 편안해져."

✿2주차 - 마음 나누고 들어주기〈친구 마음 듣기, 공감 말하기〉

[주간 핵심 : 경청 경험 + 공감 문장 익히기]

- 감정 짝맞추기 게임 : 표정카드를 보고 어떤 마음일지 말하기
- 동그라미 대화 : '말하는 돌'을 들고 "나는 오늘 OO했을 때 ㅁㅁ 했어"한 문장 나누기
- 공감의 말 연습 : "그랬구나." "나도 그런적이 있어." "네 마음 알겠어."대화 연습하기
- 친구 마음 스티커 : 친구의 이야기를 듣고 "공감 스티커" 붙이며 "내가 들은 마음"을 한마디로 표현하기

✿ 교사 한 문장

"친구 마음을 잘 들어주는 건, 친구를 지켜주는 힘이야."

✿3주차 - 마음 다루는 힘 기르기〈진정하기, 도움 되는 말 고르기〉

[주간 핵심 : 감정 진정 기술 + 관계를 살리는 말 연습]

- 마음 진정법 실험 : 3-3-3호흡/ 손목 쓰담쓰담/ 손풍선 터트리기
- 도움이 되는 말 vs 도움이 되지 않는 말 : 말카드 비교하고 '바꿔 말하기' 연습하기
- 마음 응급상자 만들기 : 힘들 때 나를 도와주는 것(호흡, 그림, 응원 문장, 촉감 물건 등) 넣기

- 감정 조절 그림책 활동 : 등장인물이 화난 마음을 다루는 방법 찾기 → "나라면?" 말해 보기

✿교사 한 문장

"마음이 커지는 건 화를 안 내는 게 아니라, 화가 났을 때 다시 돌아오는 방법을 아는 거야."

✿4주차 - 우리 반 마음 약속 만들기 〈함께 지키는 약속, 말의 규칙〉

[주간 핵심 : 공동체 약속 만들기 + 실천 다짐]

- 우리가 좋아하는 반의 모습 그리기
- 좋은 말 풍선, 속상한 말 풍선 : 상황카드로 분류 놀이하기
- 마음약속 도장 : 친구마음 다치게 하지 않기 등 3~4개 규칙 정하기
- 우리 반 마음약속 손바닥 만들기

✿교사 한 문장

"약속은 선생님이 시키는 규칙이 아니라, 우리가 서로를 지키기 위해 만드는 약속이야."

나. 3-4학년군 4주 마음 프로젝트 예시

"마음을 이해하고 나누고, 연결하는 4주"

■ 프로젝트 목표

- 감정은 '갑자기'가 아니라 신호와 이유가 있음을 이해한다.
- 서로 다른 마음을 공감 언어로 연결하는 대화를 연습한다.
- 감정이 커지기 전에 스스로 멈추고 조절하는 회복 전략을 익힌다.
- 우리 반의 규칙을 '주어지는 것'이 아니라 함께 만드는 약속으로 세운다.

■ 운영 원칙

✿1주차 – 감정의 신호, 이유가 있어요. <감정 탐정이 되는 주>

[주간 핵심 : 감정 알아차리기 + 감정의 '이유' 말하기]

- 감정 탐정 놀이 : 같은 상황을 보고 각자 떠오른 감정카드를 고른 후 "왜 그 감정이었는지" 이유 말하기
- 표정 탐정! 감정 단어를 찾아라 : 표정카드를 뽑아 감정 단어를 추측하고 맞히기
- 감정 단어 매칭 : 비슷하지만 다른 감정(예: 서운함/실망, 불안/긴장)을 구별하고 선택 이유 설명하기
- 표정 하나에 어울리는 단어 붙인 후 왜 그 단어를 골랐는지 말하기
- 감정 주사위 게임 : 감정 단어를 주사위에 적어 굴린 뒤, 나온 감정을 표정 · 몸짓으로 재현하기(3명 이상 '인정'하면 통과)

✿ 교사 한 문장

"감정은 틀린 게 아니라, 내 마음이 보내는 신호야. 신호에는 이유가 있어."

✿ 2주차 – "맞아!"가 아니라 "그래서, 그랬구나!" <마음 연결하기>

[주간 핵심 : 입장 바꾸기 + 공감 문장 익히기(판단↓, 이해↑)]

- 입장 바꾸기 롤플레이 : 역할카드를 뽑아 인물의 입장에서 느낄 감정과 생각 말해보기
- 공감 마이크: 한 아이가 "나는 ~할 때 ~한 감정이 들었어"라고 말하면, 비슷한 감정을 경험한 아이가 마이크를 이어받아 자신의 상황을 덧붙여 말하기

✿ 교사 한 문장

"공감은 동의가 아니라 이해야. '그럴 수 있겠다'가 관계를 살려."

✿ 3주차 – 감정 폭발 전 마음 소방관 <멈추고 진정하는 기술>

[주간 핵심 : 감정 단계화 + 나만의 진정 전략 만들기]

- 마음 신호등 실험하기 : 내 감정이 초록 · 노랑 · 빨강일 때 몸(표정/호흡/손), 생각, 말이 어떻게 달라지는지 적어보기
- 빨강 신호 끄기 전략 찾기 : 10초 호흡, 종이 찢기, 스트레칭, 창밖 보기 등 '즉시 진정 행동' 목록 만들기
- 마음 응급키트 만들기 : 마음 회복 카드, 진정법 처방전, 나만의 격려 문장(명언/응원 문구) 넣어 꾸미기
- 미니 상황극(빨강→노랑→초록) : 갈등 상황에서 빨강 신호를 알

아차리고, 진정 전략을 사용해 해결로 넘어가는 역할극 만들기

✿교사 한 문장

"중요한 건 화를 안 내는 게 아니라, 빨강에서 멈추고 다시 돌아오는 방법을 아는 거야."

✿4주차 – 규칙을 받는 곳이 아닌 규칙을 만드는 곳 〈협력적 의사결정〉

[주간 핵심: 불편함을 문제로 보고 + 해결을 '함께' 설계하기]

- 불편함 수집 미션 : "우리 반이 더 행복해지려면?"을 주제로 포스트잇 수집(불편/바람/필요)
- 해결 아이디어 토너먼트 : 점 투표, 손가락 투표, 공감 그래프 등 시각화 도구로 우선순위를 정하고 이유 나누기
- 약속 타일 만들기 : 각자 실천 약속 1개를 타일에 적어 '우리 반 약속벽' 완성하기(선언식/서명으로 마무리)

✿교사 한 문장

"규칙은 통제가 아니라 보호야. 우리가 함께 만든 약속은 우리를 더 안전하게 해."

겨울 뉴런(mirror neuron)

거울 뉴런(mirror neuron)은 내가 어떤 행동을 할 때뿐 아니라, 다른 사람이 그와 비슷한 행동을 하는 모습을 볼 때도 함께 활성화되는 신경세포를 말합니다. 예를 들어 누군가 하품하면 나도 따라 하품이 나오거나, 옆 친구가 주사를 맞는 모습을 보고 나도 모르게 몸이 긴장되는 경험을 우리는 종종 합니다. 물론 이런 현상이 모두 거울 뉴런만으로 설명되는 것은 아니지만, '보는 것'만으로도 내 뇌가 마치 '하는 것'처럼 반응할 수 있다는 사실은 공감의 작동 방식을 이해하는 데 중요한 단서를 줍니다.

공감은 거창한 가르침에서 시작되기보다, 상대의 표정과 몸짓에 떠오른 감정을 알아차리는 순간부터 시작됩니다. 거울 뉴런은 바로 그 지점에서, 너와 나 사이의 거리를 좁혀 주는 신경학적 연결을 떠올리게 합니다. 우리는 타인을 그저 '관찰'하는 존재가 아니라, 때로는 타인의 경험을 내 안에서 부분적으로 함께 살아내는 존재입니다.

7장. 대화·피드백 기술

1. 마음을 여는 질문법 5가지

마음의 문은 '질문'으로 열립니다. 교실은 하루에도 수없이 많은 말이 오가는 공간입니다. 그러나 말이 많다고 해서 대화가 이루어지는 것은 아닙니다. 진정한 대화는 서로의 마음이 만나는 순간에 시작됩니다. 그 순간을 여는 열쇠가 바로 '질문'입니다.

마음을 여는 질문은 '정답'을 찾아내기 위한 것이 아니라, 아이의 감정과 생각, 경험이 안전하게 드러나도록 돕는 초대장입니다. "왜 그랬어?"라는 추궁 대신 "그때, 네 마음은 어땠을까?"라고 물을 때, 아이는 방어 대신 성찰을 시작합니다.

질문의 목적은 지도나 평가가 아니라 이해와 공감입니다.

- "왜 그렇게 했어?" → 마음을 닫히게 하는 질문
- "그때, 네 마음은 어땠어?" → 마음을 열리게 하는 질문
- "그 일이 네 하루에 어떤 영향을 줬을까?" → 마음을 성찰하게 하는 질문

가. 감정 탐색형 질문

– 마음 온도를 묻습니다 (자기감정 인식)

마음을 여는 첫 단계는 사건을 따지기보다 지금의 느낌을 확인하는

것입니다. 감정 탐색형 질문은 아이가 순간적으로 올라온 감정을 '참거나 숨기기' 전에 알아차리고, 말로 붙잡을 수 있도록 돕습니다. 특히 초등학생에게 감정은 종종 '생각'보다 먼저 몸에 나타납니다. 가슴이 두근거리거나, 배가 답답해지거나, 얼굴이 뜨거워지는 감각은 이미 마음이 보내는 신호입니다. 그래서 교사의 질문은 "무슨 일이 있었니?"보다 먼저, 몸이 말하는 마음을 듣게 하는 질문으로 시작할 필요가 있습니다. 아이가 자신의 상태를 관찰하고 언어로 옮기는 경험을 반복할수록 감정은 폭발이 아니라 표현과 조절의 영역으로 이동합니다. 이것이 마음교육의 출발점입니다.

[예시 질문]

"지금 네 마음이 몸에서 먼저 알려 주는 신호가 있을까?"
"몸이 말한다면, 지금 어떤 마음이라고 할까?"
"오늘 하루 중 마음이 가장 편안했던 순간은 언제였어?"
"지금 마음을 한 단어로 붙이면 뭐가 떠올라?"

✿ 활동명 : 「오늘 내 마음의 신호는?」

[활동지 구성]

(1) 몸 신호 체크 : 지금 내 몸에서 느껴지는 신호에 표시하기(두근거림/답답함/무거움/뜨거움/편안함 등)
(2) 감정 이름 붙이기 : 감정 단어표에서 가장 가까운 단어 2~3개 고르기
(3) 이유 한 문장 쓰기 : "나는 _해서 _한 마음이었어."로 정리하기
(4) 내 마음 회복 카드 만들기 : '나를 진정시키는 방법 1가지' +

'나에게 해 주고 싶은 말 1문장' 적기

나. 공감 확장형 질문 –다른 마음의 자리에 서 봅니다.
(타인 이해 확장)

공감은 타인의 감정을 그대로 '따라 느끼는 것'이 아니라, 그 사람의 자리에서 세상을 한 번 바라보려는 시도입니다. 공감 확장형 질문은 아이가 자기중심의 해석에서 잠시 벗어나, 상대의 마음과 상황을 상상하도록 돕습니다. 이렇게 시야가 넓어질 때, 감정은 갈등을 키우는 불씨가 아니라 관계를 잇는 다리가 됩니다.

특히 다툼이 일어난 순간 아이들은 '누가 잘못했는지'에 마음이 붙잡히기 쉽습니다. 이때 교사가 공감 질문을 던지면, 아이는 판단의 언어 대신 회복의 언어로 이동하기 시작합니다. 교사의 역할은 결론을 내려주는 사람이 아니라, 아이의 시선을 부드럽게 돌려주는 안내자입니다.

[예시 질문]

"그 친구는 지금 어떤 마음이었을까?"

"그 친구 입장에서 가장 속상했던 건 뭐였을까?"

"내가 그 친구라면, 어떤 말이 듣고 싶었을까?"

"그 친구에게 네 마음을 전한다면, 어떤 말로 시작하면 좋을까?"

"우리 둘 다 괜찮아지려면, 지금 어떤 방법이 필요할까?"

✿ 활동명 : 「그 친구의 자리에서」

[활동지 구성]

(1) 상황 그림 또는 짧은 글 제시 (예: 친구가 놀림당한 장면)

(2) 마음 추측하기 : "이때 그 친구는 어떤 마음이었을까요?"

(3) 내 행동 선택하기 : "내가 그 자리에 있었다면 어떤 행동을 했을까요?"

(4) 회복의 말 만들기 : "다시 만났을 때 어떤 말을 해 주고 싶나요?"

"나는 너에게 ____라는 말을 해 주고 싶어. 왜냐하면 ______."

[활용 예시]

- 도덕 · 통합교과 '관계 이해' 관련 단원
- 공동체 서클(서클 타임)에서 공감 대화 주제로 활용
- 갈등 직후 '회복 대화'로 확장(필요시 익명 사례로 변환)

다. 자기 인식형 질문 – 마음의 거울을 들여다봅니다. (자기 성찰 능력)

성찰은 자신을 바라보는 용기에서 시작됩니다. 자기 인식형 질문은 아이가 자기 경험을 한 걸음 떨어져 바라보며, 생각과 행동을 배움의 관점으로 정리하도록 돕습니다. 이 질문의 목표는 잘잘못을 가리는 데 있지 않습니다. "무엇을 배웠고, 다음엔 어떻게 해볼지"를 스스로 찾게 하는 데 있습니다.

특히 실수나 갈등 이후에 성찰 질문이 들어가면, 아이는 '나는 문제아'라는 낙인 대신 '나는 성장 중'이라는 시선을 갖게 됩니다. 이때 교사는 평가자가 아니라 성장의 동반자로서 변화의 지점을 발견해 주어

야 합니다. “그때보다 지금 네가 더 솔직하게 말해주었구나.” 같은 인정 한마디는 아이가 자신을 다시 믿게 하는 발판이 됩니다.

[예시 질문]

“그 일을 겪고 난 뒤, 네 안에서 달라진 점이 있을까?”

“그때로 돌아간다면, 어떤 선택을 다시 해보고 싶어?”

“그 순간에 네가 가장 바랐던 건 뭐였을까?”

“오늘 너 자신에게 칭찬해 주고 싶은 건 뭐야?”

“내일 비슷한 일이 생기면, 어떤 도움을 먼저 요청해 볼까?”

✿활동명 : 「나를 돌아보는 마음 일기」

[활동지 구성]

(1) 오늘 나에게 가장 인상 깊었던 일

(2) 그때의 감정 표시(좋음/슬픔/화남/놀람 등)

(3) 그 일을 통해 배운 점 한 가지

(4) 내일의 작은 다짐 적기

[활용 예시]

- 주간 성찰 저녁(주 1회, 금요일 마무리 시간)
- 교실 ‘마음 일기 코너’(자율 기록 후 공유는 선택)
- 도구 : 감정 스티커, 자기성장 그래프

라. 관계 회복형 질문 – 함께 다시 시작합니다.

(관계회복경험)

갈등은 관계가 무너졌다는 증거가 아니라, 관계를 다시 배우는 순간이 될 수 있습니다. 관계 회복형 질문은 잘잘못을 가리는 데서 멈추지 않고, 서로의 마음을 조율하며 다시 연결되는 길을 찾도록 돕습니다. 핵심은 "누가 잘못했니?"가 아니라 "우리는 어떻게 다시 괜찮아질 수 있을까?"로 초점을 옮기는 것입니다. 이 질문을 반복해서 경험한 아이들은 책임을 회피하기보다, 관계를 살리는 선택을 연습하게 됩니다.

교사는 결론을 내려주는 사람이 아니라, 아이들이 회복의 언어를 찾도록 돕는 동행자입니다. 감정이 가라앉을 시간을 확보하고, 서로의 마음을 확인한 뒤, 다음 행동을 함께 정리해 주면 갈등은 '처벌의 기억'이 아니라 '회복의 경험'으로 남습니다.

[예시 질문]

"지금 우리가 다시 괜찮아지려면, 어떤 도움이 필요할까?"

"서로의 마음을 편하게 해 주는 말이 있다면 어떤 말일까?"

"다음에는 같은 상황에서 어떤 방식으로 말해볼까?"

"오늘 여기서 할 수 있는 작은 화해는 무엇일까?"

"서로에게 바라는 한 가지를 '부드럽게' 말해볼래?"

✿ 활동명 : 「다시 연결되는 우리」

[활동지 구성]

(1) 상황 정리 : 내가 속상했던 상황 써 보기

(2) 마음 이름 붙이기 : 그때 내 마음은 ___였어요 / 친구 마음은 ______였어요

(3) 회복의 조건 찾기 : 우리가 다시 친해지려면 필요한 것은?

(4) 화해 선언 문 : "우리는 앞으로 ________을/를 약속합니다."

[활용 예시]

학급 내 갈등 해결 직후(개별 성찰 → 당사자 대화 → 정리 활동)

마. 성장 확신형 질문 – 경험을 힘으로 바꿉니다(회복탄력성 향상)

성장 확신형 질문은 자기 경험을 긍정적으로 재해석하도록 돕습니다. 실수나 실패를 지우는 일이 아니라, 그 안에서 배움을 건져 올려 다음의 힘으로 바꾸는 일입니다. 아이가 "나는 안 돼"에서 멈추지 않고 "나는 배우고 있어"로 나아가게 하는 질문이 바로 성장 확신형 질문입니다.

이 질문은 회복탄력성과 자아존중감을 함께 키웁니다. '좋은 결과'가 아니라 '견뎌낸 과정'을 인정받을 때, 아이는 자기 자신을 다시 신뢰하게 됩니다.

[예시 질문]

"그 일을 겪으면서 너에게 새로 생긴 힘은 뭐였을까?"

"그때의 내가 해낸 한 가지를 꼽는다면?"

"다음에 비슷한 일이 생기면, 이번 경험이 어떤 도움을 줄까?"

"지금의 너에게 해 주고 싶은 한 문장은 뭐야?"

✿활동명 : 「마음 씨앗 심기」

[활동지 구성]

(1) 최근 어려웠던 일
(2) 이겨낸 나의 힘 : 그 일을 이겨낸 나의 힘은 무엇입니까?
(3) 성장의 흔적 : 그 경험이 나를 어떻게 자라게 했나요?
(4) 내 마음 씨앗 카드를 만들기 :성장 문장을 한 장의 씨앗 카드로 정리해 '우리 반 나무'에 붙이기

[활용 예시]

- 프로젝트 마무리 성찰(활동 뒤 10분 정리)
- 학기 말 '성장나무' 만들기(한 학기 성장 기록 전시)
- 도구 : 씨앗 카드, 나무 벽보, 성장 일지

2. 경청의 기술 : 마음을 담아 듣는 법

우리는 '말을 잘하는 법'은 배웠지만, '잘 들어주는 법'을 제대로 배운 기억은 많지 않습니다. 그래서 누군가의 이야기를 듣고 있으면서도 정작 그 사람의 마음은 지나쳐 버리곤 합니다.

경청은 귀로만 하는 일이 아닙니다. 시선, 표정, 몸의 방향, 그리고 마음의 자리까지 함께 내어주는 태도입니다. 말의 내용에 곧장 반응하기 전에, 그 말 뒤에 숨은 감정을 먼저 바라보는 것, 그것이 '마음을 담아 듣기'입니다. 그래서 경청은 조언의 능력이 아니라 머물러 주는 용기에 더 가깝습니다.

"그 말 안에 네 마음이 있었구나." "그만큼 힘들었겠다." 이런 한 마디가 문제를 즉시 해결해 주지는 않지만, 혼자라고 느끼던 사람을 관계 속으로 다시 불러옵니다. 누군가 내 이야기를 끝까지 들어준다

는 경험은 "나도 해볼 수 있겠다"라는 의지를 살려냅니다. 경청을 가르친다는 것은 '듣기 기술'을 주입하는 일이 아니라 타인의 마음을 대하는 태도를 함께 연습하는 일입니다. 아이들은 "잘 들어라."라는 말만으로 달라지지 않습니다. '어떻게 듣는지'를 구체적으로 경험할 때, 경청은 습관이 되고 관계는 실제로 바뀝니다.

① '듣는 척'과 '진짜 듣기'를 구분하게 하기

아이들은 대부분 "듣고 있었다고요!"라고 말합니다. 하지만 그 말은 대개 '소리를 들은 것'이지, '마음을 들은 것'은 아닙니다. 먼저 이렇게 질문을 던져 주세요.

"듣고 있었는데 왜 친구는 네가 안 듣는 것 같다고 느꼈을까?"

"듣는다는 건 조용히 있는 걸까, 아니면 관심을 보여주는 걸까?"

이 질문을 통해 아이들은 '듣기 = 조용히 있는 것'이 아니라 '듣기 = 관심과 연결을 표현하는 행동'이라는 관점을 배웁니다.

② 경청은 '기술'이 아니라 '표현'임을 알려 주기

아이들에게는 경청의 핵심 요소를 짧고 분명하게 익히게 하는 것이 좋습니다.

요소	아이가 배워야 할 것
눈	말하는 사람을 바라본다
몸	끼어들지 않고 몸 방향을 그쪽으로 둔다
말	"응", "그래서?", "그랬구나" 같은 짧은 반응으로 마음을 이어 준다

"경청은 말 안 하는 것이 아니라, 따뜻하게 반응하는 것"이라는 기준이 생기면 아이들의 듣기 태도가 달라집니다.

③ '경청 역할 놀이'로 직접 연습시키기

1. 2인 1조로 짝 만들기
2. 1차 : 한 명은 이야기, 한 명은 일부러 산만하게 듣는다(시선 분산, 딴청).
3. 2차 : 역할을 바꿔 '경청 모드'로 들어준다.
4. 두 상황을 비교하며 질문

"언제 더 마음이 편했어? 왜 그랬을까?"

아이들은 '경청은 듣는 사람이 아니라 말하는 사람을 위한 행동'임을 깨닫습니다.

④ '경청 문장틀'로 공감을 말로 연결하게 하기

경청은 "듣기 → 반응 → 연결"의 과정이어야 합니다. 아이들에게 아래 문장 틀을 반복 사용하게 하면 대화가 달라집니다.

단계	문장 예시
공감	"그랬구나. 그 말 하려면 용기 필요했겠다."
이해	"네가 그렇게 느낀 이유를 알 것 같아"
연결	"내가 네 입장이었어도 그랬을 거야 내가 해 줄 거 있어?"

이 문장들은 충고가 아니라 '마음 인정'을 중심에 둡니다. 교실이 따뜻해지는 시작은 화려한 말솜씨가 아니라, 서로의 마음을 놓치지 않는 경청의 습관입니다.

"경청은 상대를 조용히 바라보는 것이 아니라, 그 사람의 마음을 '안전한 곳'에 내려놓을 수 있게 해 주는 행동이다."

붉은 여왕 가설(Red Queen's hypothesis)과 도도새 이야기

1973년 시카고대학교의 진화생물학자 리 밴 발렌(Leigh Van Valen)은 해양 화석 기록을 바탕으로 하나의 가설을 제안했습니다. 바로 '붉은 여왕 가설(Red Queen hypothesis)'입니다. 요지는 단순합니다. 생물은 어느 순간 '충분히' 적응했다고 해서 안전해지지 않습니다. 주변의 다른 종들도 함께 진화하고 환경도 끊임없이 달라지기 때문에, 살아남기 위해서는 계속 변화에 참여해야 한다는 것입니다. 이 가설의 이름은 루이스 캐럴의 『거울 나라의 앨리스』(1871)에 나오는 붉은 여왕의 말에서 왔습니다. 앨리스가 "왜 달렸는데도 제자리냐"고 묻자, 붉은 여왕은 이렇게 말하지요. "제자리에 있고 싶으면, 최선을 다해 달려야 해."

도도새 이야기를 떠올려 보겠습니다. 인도양의 모리셔스섬에서 도도새는 오랫동안 천적 없이 살며 비행 능력을 잃었습니다. 그러나 외부인이 섬에 들어오자, 상황은 급격히 바뀌었습니다. 1598년 네덜란드 선원들이 모리셔스에 상륙한 뒤, 도도새는 사람과 함께 유입된 동물, 서식지 변화 등의 영향을 견디지 못했고, 마지막 '확인된' 목격 기록은 1662년으로 알려져 있습니다.

익숙함은 때로 우리를 지켜주지만, 그 익숙함만 믿는 순간 변화 앞에서 가장 먼저 흔들리기도 합니다. 그래서 '붉은 여왕'의 문장은 결국 이렇게 들립니다. 더 잘 살기 위해서가 아니라, 지금의 나를 지키기 위해서도 우리는 배우고 자라야 한다고요.

Part 3

마음교육 활동 레시피

8장. 교실에서 실천하는 마음교육

1. 자기 인식(Self Awareness)

중국의 '수신제가 치국평천하' 사상과 사회과 교과 내용 구성하는 방식인 환경 확대법은 하나의 공통된 흐름을 보여줍니다. '나'라는 존재에서 출발하여, 가정과 사회, 더 나아가 국가와 세상 전체로 점차 범위가 넓어진다는 점입니다. 마음교육 역시 이와 같은 맥락을 따릅니다.

마음교육의 첫걸음은 '나'를 올바르게 인식하는 데 있습니다. 여기서 말하는 '나'는 겉으로 드러난 모습이나 타인의 평가로 규정된 자아가 아닙니다. 우리가 진짜로 마주해야 할 '나'는 내 안에서 움직이는 생각과 감정, 가치와 바람이 모여 만들어진 내면의 자아입니다.

이 과정은 '거울'을 떠올리면 이해가 쉽습니다. 거울은 겉모습을 비추지만, 마음의 거울은 내 안의 상태를 비춥니다. 즉 마음교육의 첫걸음인 자기를 인식한다는 것은 자기를 억누르거나 부정하기보다 있는 그대로를 알아차리고 돌보는 것을 의미합니다.

자기 인식은 "내가 더 멋져져야 한다"라는 다짐을 만드는 활동이 아닙니다. 오히려 내 안에 무엇이 있는지 발견하고, 그것을 존중하는 연습입니다. 내가 어떤 감정에 흔들리는지, 무엇을 소중히 여기는지, 어떤 순간에 힘이 나는지 알아차릴 때 아이들은 자기 삶의 중심을 세우기 시작합니다.

자기 인식이 단단해지면, 아이들은 타인의 말과 상황에 휩쓸리기보다 자신의 마음을 기준으로 선택하고 조절할 수 있습니다. 그리고 그 힘은 교실을 넘어 가정과 사회, 더 큰 세계 속에서도 자신을 지켜내는 뿌리가 됩니다.

1) 감정 이름 짓기

아이들은 현재 떠오르는 감정이 정확히 무엇인지 몰라 감정을 현명하게 받아들이고 해소하는데 서툴 때가 종종 있습니다. '감정 이름 짓기'는 내 안에 떠오르는 다양한 감정들을 살펴보며 현재 기분에 대한 감정 단어를 정확하게 익히는 활동으로 자기 인식의 출발이라고 할 수 있습니다.

감정에 이름을 붙이기 위해서는 먼저 여러 가지 감정 단어의 의미를 이해하는 과정이 필요합니다. 감정 단어 목록을 보면서 이미 알고 있는 단어와 모르는 단어를 구분해 봅니다. 이어서 모르는 감정 단어

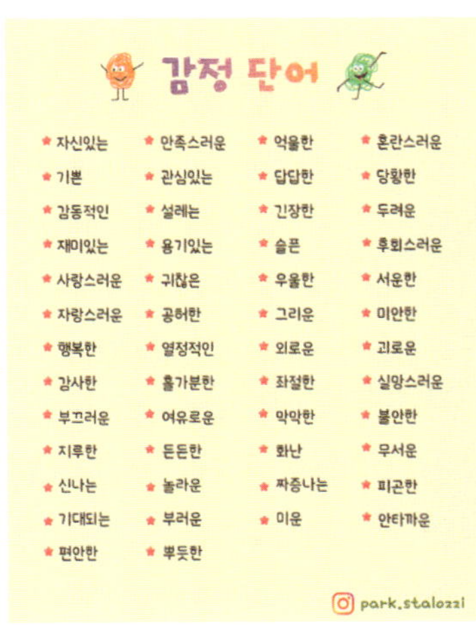

는 교사의 설명이나 간단한 자료 검색을 통해 의미를 확인하며 이해를 돕습니다.

그다음 더 자세히 알고 싶은 단어를 몇 가지 골라 "이런 감정일 때, 나는 어떤 표정을 짓는가?", "몸은 어떤 신호를 보내는가?"를 연결해 표현해 봅니다. 이렇게 감정 단어를 표정 · 몸짓과 함께 구체화하면, 아이들이 자신의 감정을 더 정확히 보고 표현하는 데 도움이 됩니다.

2) 문장완성검사

문장완성검사(SCT: Sentence Completion Test)는 미완성 문장을 제시하고, 학생이 스스로 문장을 이어 쓰도록 하는 활동입니다. 아이가 완성한 문장에는 그 순간의 생각, 감정, 관계 경험이 자연스럽게 스며들기 때문에, 교사는 이를 통해 학생의 심리 상태나 태도, 성향을 간접적으로 살펴볼 수 있습니다.

이 방법의 장점은 분명합니다. 복잡한 도구나 전문적인 절차 없이도 학급 활동이나 개별 상담 시간에 바로 적용할 수 있고, 질문을 받으면 말문이 막히는 아이도 글로는 비교적 편안하게 마음을 드러낼 수 있습니다. 무엇보다 '검사'라는 형식보다 자기표현 활동에 가까우므로, 아이들의 마음을 부담 없이 끌어내는 데 효과적입니다.

인터넷에서 다양한 검사지를 찾을 수 있지만, 초등학생에게는 문항의 어휘나 상황이 맞지 않는 경우가 많습니다. 따라서 교실에서 활용할 때는 아이들의 생활 맥락(교실 · 가정 · 또래 관계)과 발달 수준을 반영해 문장을 재구성하는 것이 좋습니다. 그렇게 다듬어진 문장완성검사는 학생 이해를 돕는 동시에, 학급경영 · 생활지도 · 상담 장면에서 교사가 학생을 '더 정확하게, 더 따뜻하게' 만날 수 있도록 돕는 실천 도구가 될 수 있습니다.

문장을 완성해보세요

아래의 문장 뒷부분을 완성해보세요.

오래 생각하지 말고, 떠오르는 즉시 채워보세요

1. 내가 가장 좋아하는 시간은 ________
2. 친구가 나를 도와주면 나는 ________
3. 내가 속상할 때는 ________
4. 선생님이 나에게 웃어주면 나는 ________
5. 내가 집에서 제일 좋아하는 것은 ________
6. 친구와 싸우면 ________
7. 내가 학교에서 제일 재미있는 순간은 ________
8. 나를 기쁘게 하는 말은 ________
9. 내가 열심히 하면 ________
10. 나는 앞으로 ________

저학년용

문장을 완성해보세요

아래의 문장 뒷부분을 완성해보세요.

오래 생각하지 말고, 떠오르는 즉시 채워보세요

1. 내가 가장 나 답다고 느낄 때는 ________
2. 친구는 ________
3. 화가 날 때는 ________
4. 나를 이해해주면 ________
5. 가장 중요한 것은 ________
6. 어려운 일은 ________
7. 내가 배우고 싶은 것은 ________
8. 용기를 내서 ________
9. 좋은 어른은 ________
10. 나는 앞으로 ________

고학년용

3) 나에게 주는 상

'나에게 주는 상(Self-Award)' 활동은 학생이 자신에게 상을 수여하는 자기 강화 활동입니다. 아이는 자신이 잘한 점, 끝까지 해낸 노력, 의미 있었던 작은 성취를 떠올려 '○○상'이라고 이름 붙이고, 그 이유를 글이나 그림으로 표현합니다. 이 활동의 핵심은 교사의 평가나 외부의 인정이 아니라, 학생 스스로가 자신을 긍정하고 인정하는 경험을 쌓는 데 있습니다. 결과만 바라보던 시선을 과정으로 돌려 "나는 이렇게 애썼구나"를 발견하게 하고, 성취의 기준을 '남'이 아니라 '나'에게로 옮겨 줍니다.

무엇보다 이 활동은 학생의 긍정적 자아 정체감을 단단하게 하는 데 도움이 됩니다. "나는 가치 있는 사람이다"라는 감각은 자존감의 뿌리가 되고, 어려움 앞에서 다시 일어서는 회복탄력성을 키우는 힘이 됩니다. 자신의 삶을 바라보는 시선이 조금 더 따뜻해지는 순간이기 때문에 아이들이 자신에게 건네는 상은 '칭찬 카드' 이상의 의미를 지닙니다.

완성한 상장은 짝이나 모둠 안에서 서로 소개하고 축하하는 방식으로 확장할 수 있습니다. 이때는 비교와 평가를 배제하고, "멋지다.", "네 노력의 흔적이 보인다.", "그 상이 너와 잘 어울린다."처럼 격려와 존중의 언어만 사용하도록 약속을 세우는 것이 중요합니다.

마무리 단계에서는 "내가 새롭게 알게 된 내 모습 한 가지", "다음에 받고 싶은 상"을 적게 하면 자연스럽게 자기 성찰과 목표 설정으로 이어집니다. 교사는 아이가 상의 이름을 정하거나 이유를 쓰기 어려워할 때, 정답을 대신 제시하기보다 생각을 여는 질문으로 돕는 것이 좋습니다.

"이 상은 네 어떤 강점을 보여줄까?"
"그때 네가 포기하지 않았던 이유는 뭐였을까?"
"이 상이 너에게 어떤 힘을 줄까?"

이렇게 운영되는 '나에게 주는 상' 활동은 아이의 긍정적 자기 인식을 돕고, 교실 안에서 상호 응원과 지지의 문화를 형성하는 데 기여합니다.

제 2025 - 0001호

나에게 주는 [친절]상

1학년 3반

[김서하]

2025년 [ ]월 [ ]일

나 전문가 [김서하]

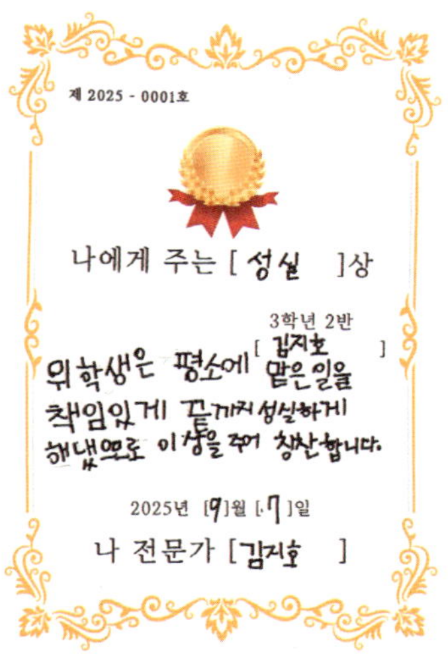

제 2025 - 0001호

나에게 주는 [성실]상

3학년 2반

위 학생은 평소에 [김지호]
맡은 일을 책임있게 끝까지 성실하게 해냈으므로 이 상을 주어 칭찬합니다.

2025년 [9]월 [17]일

나 전문가 [김지호]

4) 색상환을 활용한 기분 꽃이 활짝

색상환을 활용한 감정 낱말 탐색 활동은 학생들이 일상에서 자주 쓰는 감정뿐 아니라, 평소에는 잘 사용하지 않던 다양한 감정 어휘를 접하도록 도와 감정의 폭과 깊이를 넓히는 데 효과적입니다. 또한 감정을 색으로 연결해 감각적으로 받아들이고 표현하게 함으로써, 추상적인 마음을 더욱 구체적으로 이해하도록 돕습니다.

수업에서는 교사가 다양한 감정 낱말과 색상환을 함께 제시하고, 색이 주는 느낌과 감정의 뉘앙스를 연결해 볼 수 있도록 안내합니다. 이때 감정 단어를 단순히 나열하기보다, 학생 눈높이에 맞춰 "이 감정은 언제 느껴지지?", "몸에는 어떤 느낌이 나지?"와 같은 질문을 던지고, 짧은 설명과 예시를 곁들이면 활동의 깊이가 더해집니다.

이 과정을 바탕으로 아이들은 감정 낱말에 자신만의 색을 입히고 상징을 더 해 '기분 꽃'을 완성합니다. '기분 꽃'은 감정마다 다른 색과 모양을 시각적으로 구성하는 활동으로, 마음을 이미지로 바꾸어 표현하는 데 도움이 됩니다.

결과적으로 학생들은 감정을 단지 '느끼는 것'에 머무르지 않고, 말과 그림을 통해 탐색하고 표현하는 경험을 쌓으며 정서적 자기 이해를 한층 깊게 만들어 갑니다.

2. 자기 관리(Self Management)

아이들이 자신의 기질과 성격, 심리적 태도를 이해하는 일은 자기 인식의 중요한 출발점입니다. 그러나 마음교육은 이해에서 멈추지 않습니다. 자신을 아는 힘을 바탕으로, 다양한 상황에서 감정을 유연하게 조절하고 행동을 선택하는 능력까지 길러져야 합니다.

물론 '있는 그대로 존중받는 경험'은 아이에게 큰 힘이 됩니다. 하지만 삶에는 불편한 감정도 찾아오고, 그 순간을 어떻게 다루느냐가 관계와 삶의 질을 좌우합니다. 그러므로 교사는 아이들이 순간의 감정에 끌려가기보다, 감정을 알아차리고 가라앉히며 다시 삶의 방향을 잡는 방법을 배우도록 안내해야 합니다.

1) 경계 인식 활동

이 활동은 아이들이 학교생활 속에서 자신의 감정과 불편함을 알아차리고, 자신의 경계를 이해하며 표현하는 경험을 돕기 위한 활동입니다. 여기서 '경계'란 내가 괜찮다고 느끼는 선과 불편하거나 싫다고 느끼는 선을 의미하며, 이는 사람마다 그 기준이 다르게 존재합니다. 아이들이 자신의 경계를 인식하는 과정은 자기 존중의 기초가 되고, 나아가 타인의 경계를 존중하는 사회적 인식으로 확장됩니다.

경계 인식 활동은 활동지를 중심으로 진행되며, 학생들이 또래 관계에서 실제로 겪을 수 있는 상황을 떠올리면서 자신의 느낌을 점검하도록 구성합니다. 활동에 앞서 교사는 "사람마다 괜찮은 것과 싫은 것이 다를 수 있으며, 그 어느 것도 틀리지 않다"라는 점을 충분히 안내해야 합니다. 이를 통해 학생들이 자기 생각과 느낌을 솔직하게 표현할 수 있는 안전한 분위기를 조성할 수 있습니다.

먼저, 경계에 대한 용어를 설명하며 활동의 초점을 분명히 '괜찮은 상황'과 '싫은 상황'을 구분해 보며, 자신의 경계가 어디에 있는지 구체적으로 확인하게 합니다. 이때 교사는 같은 상황에서도 반응이 다를 수 있음을 인정하고, 친구와의 차이를 비교하거나 평가하지 않도록 안내해야 합니다. 이 과정을 통해 서로의 다름을 자연스럽게 이해하게 됩니다. 또한, 평소에는 그냥 넘겼던 불편한 경험이나 마음의 신호를 다시 한번 돌아보며 자기 인식을 확장하게 됩니다.

이후에는 불편함을 느낄 때 나타나는 자신의 신체적 · 정서적 신호를 살펴보고, 경계를 지키기 위한 말 표현을 연습합니다. "그만해줘", "나는 이건 싫어"와 같은 간단하지만, 분명한 표현을 익히는 것은 아이들이 실제 상황에서 자신의 경계를 지킬 힘을 기르는 데 도움이 됩니다. 교사는 이러한 표현이 무례함이 아니라, 자신과 상대를 모두 존중하는 의사 표현임을 강조합니다.

활동 마무리쯤에는 내가 '싫다'라고 말하는 것의 의미와 친구가 '싫다'라고 표현했을 때의 바람직한 반응에 대해 함께 생각해 봅니다. 이를 통해 학생들은 경계가 개인의 문제가 아니라 관계 속에서 서로 지켜져야 할 약속임을 이해하게 됩니다.

이 활동은 자기 인식을 바탕으로 사회적 인식과 책임 있는 의사결정으로 자연스럽게 연결되며, 또래 관계에서 발생할 수 있는 갈등을 예방하고 건강한 관계를 형성하는 데 기초가 됩니다. 특히 존중, 공감, 의사소통 교육과 연계해 반복적으로 적용하면, 아이들의 관계 역량을 지속해서 강화하는 데 도움이 됩니다.

나의 경계 알아보기

♥ 경계란?

내 마음과 몸이 "여기까지는 괜찮아", "여기부터는 싫어"라고 알려주는 선입니다.

♥ 나의 경계에 표시해보세요.

1. 친구가 내 물건을 허락없이 사용해요

2. 친구가 내 별명을 불러요

3. 다른 사람이 내 몸을 만져요

4. 친구가 내 비밀을 다른 사람에게 이야기해요

♥ 나는 마음이 불편할 때 어떤 모습인가요?

① 말이 없어지고 조용해진다.
② 얼굴이 빨개지고 심장이 빨리 뛴다.
③ 겉으로는 웃으며 참고 넘긴다.
④ 화가 나서 말이 크고 거칠어진다.

♥ 누군가가 나의 마음을 불편하게 할 때, 어떤 말을 사용하고 싶나요?

[ ]

나의 경계를 지키고 친구의 경계를 존중하는 말하기

2) 감정조절 팁카드 만들기

'감정조절 팁카드' 활동은 학생이 자신에게 맞는 감정 관리 방법을 모아 개인용 '마음 응급 처방전'을 만드는 자기 관리 전략입니다. 의학에서 체온 · 혈압 · 호흡 · 맥박 같은 활력 징후가 정상 범위에 있을 때를 '안정 상태'라고 하듯, 감정도 지나치게 치우치면 삶의 균형을 잃기 쉽습니다. 화가 커져 공격적으로 표현되거나, 들뜬 마음이 과도해져 통제가 어려워지게 되는 순간은 누구에게나 찾아옵니다. 중요한 것은 지나친 감정을 없애는 것이 아니라, 극단으로 기울어진 마음을 다시 '안정 상태'로 되돌리는 방법을 익히는 것입니다.

아이들은 경험의 폭이 넓지 않아 "그럴 때 나는 어떻게 해야 하지?"를 스스로 찾기 어려울 수 있습니다. 그래서 교실에서는 대표적인 감정 상황을 제시하고, 그 상황에서 도움이 되는 조절 방법을 카드로 정리해 보게 합니다.

예를 들어 속상할 때, 화가 날 때, 불안할 때, 너무 들떠서 산만해질 때처럼 실제로 자주 겪는 장면을 바탕으로, 아이가 선택할 수 있는 대안을 구체적으로 적어 보게 합니다. 이때 교사는 한 가지 원칙을 분명히 해야 합니다. '내 마음을 안정시키되, 다른 사람에게 피해를 주지 않는 방법'이어야 한다는 점입니다.

활동을 마친 뒤에는 카드 내용을 친구들과 나누고, "내게 가장 도움이 되는 한 가지"를 골라 생활 속에서 실제로 실천해 보도록 연결합니다. 이후 "언제, 어떤 상황에서, 어떤 팁이 효과가 있었는지"를 짧게 공유하면, 감정조절은 지식이 아니라 습관으로 자리 잡기 시작합니다.

3) 작심 5일! 꼬마 실천가

메타인지를 활용해 자신을 객관적으로 바라보는 능력은, 학생이 목표를 세우고 자신을 관리하는 데 필요한 핵심 역량입니다. 즉, 자기 생각과 행동을 한 걸음 떨어져 관찰하며 "지금 나는 어떤 상태인지", "어떤 방향으로 바뀌고 싶은지"를 점검하는 과정이 먼저 마련되어야 합니다.

이러한 맥락에서 「작심 5일! 꼬마 실천가」는 아이가 바꾸고 싶은 행동이나 버릇을 작은 단위로 설정하고 5일간 실천해 보도록 돕는 자기 관리 활동입니다. 거창한 목표를 세우기보다, 생활 속에서 바로 시도할 수 있는 작은 습관부터 시작하도록 안내한다는 점에서 실천 가능성이 높습니다.

아이들은 5일 동안의 변화를 스스로 기록하고 돌아보며, 작은 성공을 반복적으로 경험합니다. 그 과정에서 자기효능감이 높아지고, "나는 할 수 있다"라는 감각이 쌓이면서 자존감 형성에도 긍정적 영향을 줍니다. 교사는 학생이 무리하지 않은 목표를 선택하도록 돕고, 실천 과정을 함께 점검하며 짧고 구체적인 격려를 제공하는 것이 중요합니다.

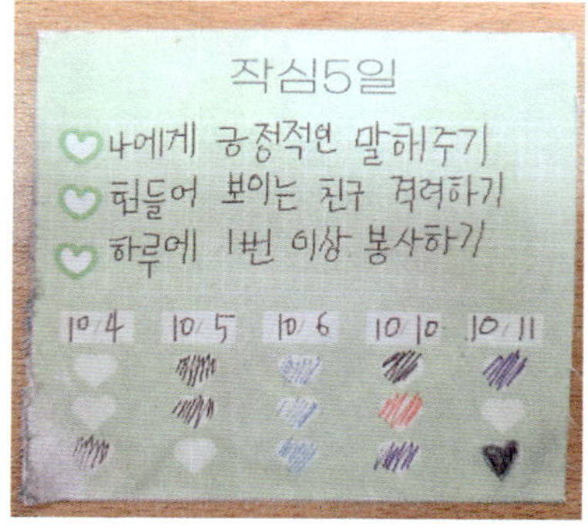

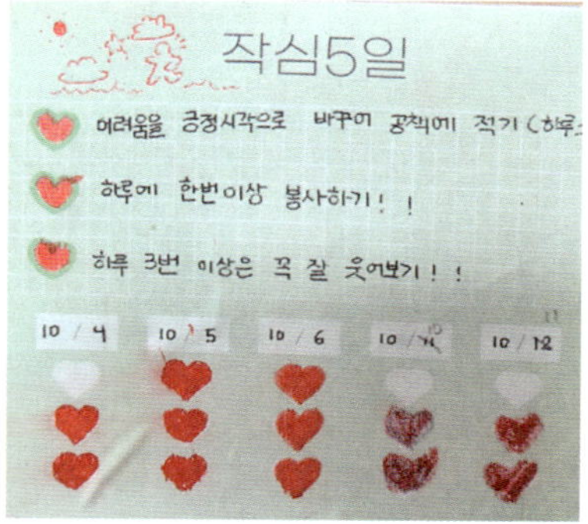

4) 내 마음에 온 걸 환영해

'내 마음에 온 걸 환영해'는 앞서 보았던 감정 이름 짓기에서 조금 더 발전한 활동입니다. 자신의 마음을 들여다보고 감정에 대한 이름을 지어보고, 그중 내 마음을 차지하고 있는 감정의 비중을 시각화하여 표현해 보며 내 마음을 솔직하게 들여다볼 수 있는 활동입니다. 차지하는 모습을 표현할 때, 그림지도나 그래프 등 다양한 방법으로 표현할 수 있음을 안내하되, 그 비중을 자세히 표현할 수 있도록 합니다. 이때 그림책『감정 호텔』을 사용하면 조금 더 구체적으로 표현하는 데 도움을 줄 수 있습니다.

마음을 그림으로 그렸다면 그중에서 더 커지거나 작아지기를 바라는 기분을 선택하여 그 방법을 자세히 생각해 보도록 합니다. 이때 아이들은 자신의 기분을 조절하는 방법을 의식적으로 탐구하는 과정을 통해 스스로 조절할 수 있는 방법을 익히게 됩니다. 그리고 다른 친구와의 활동지 공유를 통해, 더 좋은 방법을 발견하고 내 것으로 만들어 볼 수 있습니다.

내 마음에 온 걸 환영해

내 마음에 들어있는 기분은 어떤 것이 있으며, 얼마나 차지하고 있나요?

내 마음에 있는 기분들 중에서
더 커지거나 작아지기를 바라는 기분이 있나요?

그 방법은 무엇인가요?

3. 사회 인식(Social Awareness)

'나'라는 그릇이 단단해졌다면, 이제는 다른 그릇들과 조화롭게 어울릴 힘이 필요합니다. 마음교육에서 말하는 사회 인식은 바로 여기에서 출발합니다. 사회 인식은 단순히 "친절하게 대하기"가 아니라, 타인의 감정과 관점을 알아차리고(공감), 서로 다른 배경과 생각을 존중하며(수용), 관계 속에서 책임 있는 방식으로 반응하는 능력입니다. 나만을 내세우기보다 한발 물러서 상대의 마음을 읽고, "저 친구는 지금 어떤 기분일까?", "왜 그런 말을 했을까"를 헤아릴 줄 아는 힘이 사회 인식의 핵심입니다.

즉, 사회 인식은 "나 말고 '상대'와 '상황'을 읽고, 공감과 존중으로 반응하는 능력"을 기르는 과정입니다.

- 타인의 감정 알아차리기
  표정 · 말투 · 행동을 보고 "지금 어떤 마음일까?"를 짐작하기
- 관점 취하기(입장 바꾸기)
  "내가 저 친구라면 어떻게 느낄까?"를 상상하기
- 다름 존중하기
  배경 · 성격 · 의견이 달라도 함부로 판단하지 않고 수용하기
- 관계에 도움이 되는 반응 선택하기
  놀림 · 배제 · 갈등 상황에서 상처 주는 말 대신 회복하는 말과 행동을 고르기
- 공동체 감각
  내 행동이 친구와 학급에 미치는 영향을 생각하기

1) 사회 인식 자기 점검

사회 인식 자기 점검은 학교생활 속에서 무의식적으로 생길 수 있는 편견을 스스로 돌아보고, 타인의 감정과 생각, 상황을 이해하는 사회적 인식 능력을 기르기 위해 마련된 활동입니다. 사회 인식은 다른 사람의 입장에서 생각하고, 겉으로 드러난 모습만으로 타인을 판단하지 않으며, 개인의 다양성을 존중하는 태도의 기초가 됩니다.

질문지는 공부, 성격, 성별 역할, 외모, 행동 특성 등 학교생활에서 자주 마주치는 상황을 중심으로 구성되어 있으며, 정답을 맞히는 평가가 아니라 자기 성찰을 위한 점검 활동임을 사전에 충분히 안내하고, 아이들이 자기 생각을 돌아볼 수 있도록 분위기를 조성합니다. 또한, 아이들이 부담 없이 솔직하게 응답할 수 있도록 점수화하거나 결과를 비교하지 않습니다.

활동에 앞서 "사람은 모두 다르며, 겉으로 보이는 모습만으로는 그 사람을 모두 알 수 없다"라는 점을 간단한 사례로 설명한 뒤 질문지를 배부합니다. 아이들은 각 문항에서 자신에게 가장 가까운 보기를 선택하며 이 과정에서 자신도 모르게 가지고 있던 판단의 기준을 자연스럽게 인식하게 되며, 특히 '~일 것 같다'와 같은 추측이 반복되는 문항을 통해 편견이 어떻게 형성되는지를 경험하게 됩니다.

응답을 마친 후에는 몇 가지 문항을 골라 전체 학급 전체 또는 모둠별로 의견을 나누는 시간을 갖습니다. 이때 특정 보기를 옳고 그르다고 판정하기보다, 다음과 같은 질문으로 생각을 확장하도록 돕는 것이 중요합니다.

- “왜 그렇게 생각했을까요?”
- “다르게 생각할 수도 있을까요?”
- “그 친구의 입장에서는 어떤 기분일까요?”

이러한 대화 과정은 아이들이 사회 인식을 실제로 연습하고 확장하는 중요한 학습 경험이 됩니다.

마무리 단계에서는 편견이 반드시 나쁜 마음에서 비롯되는 것이 아니라, 경험이나 정보가 부족할 때 누구나 가질 수 있는 생각임을 안내합니다.

이 활동을 통해 아이들은 서로의 다름을 ‘문제’로 바라보기보다 존중해야 할 개인의 특성으로 받아들이는 태도를 기를 수 있습니다. 또한, 사회적 인식을 바탕으로 공감 능력, 협력적 관계 형성, 책임 있는 의사결정으로 확장하여 활용하실 수 있으며, 학급 내 긍정적인 관계 형성과 건강한 또래 문화 조성을 위한 기초 자료로 활용할 수 있습니다.

사회 인식 자기 점검

1. 공부를 잘하는 친구를 보면 어떤 생각이 드나요?(　　)
   ① 운동이나 다른 활동도 다 잘할 것 같다고 생각한다
   ② 공부만 잘하고 다른 것은 못할 것 같다고 생각한다
   ③ 어떤 것을 잘할지는 더 지켜봐야 한다고 생각한다
   ④ 별로 생각해 본 적이 없다

2. 말이 적고 조용한 친구를 보면 어떤 생각이 드나요?(　　)
   ① 재미없는 친구일 것 같다
   ② 친구 사귀기를 싫어할 것 같다
   ③ 성격이나 생각은 잘 모른다고 느낀다
   ④ 나와 어울리기 어려울 것 같다

3. 친구의 옷차림이나 가진 물건을 보고 드는 생각은 무엇인가요?(　　)
   ① 멋지면 성격도 좋을 것 같다
   ② 소박하면 재미없는 친구일 것 같다
   ③ 물건과 성격은 관련 없다고 생각한다
   ④ 가진 것이 많으면 인기가 많을 것 같다

4. 남자아이와 여자아이에 대해 가장 가까운 생각은 무엇인가요?(　　)
   ① 남자아이는 씩씩해야 한다
   ② 여자아이는 얌전해야 한다
   ③ 성별과 상관없이 모두 다를 수 있다
   ④ 역할은 어느 정도 정해져 있다고 생각한다

5. 발표를 자주 하는 친구를 보면 어떤 생각이 드나요?(　　)
   ① 항상 자신감이 넘칠 것 같다
   ② 걱정이나 긴장은 없을 것 같다
   ③ 겉으로 보이는 것과 속마음은 다를 수 있다
   ④ 관심받는 걸 좋아할 것 같다

6. 공부를 어려워하는 친구를 보면 어떻게 생각하나요?(　　)
   ① 노력을 안 해서 그렇다고 생각한다
   ② 머리가 나빠서 그렇다고 생각한다
   ③ 각자 잘하는 것이 다를 수 있다고 생각한다
   ④ 수업을 잘 안 들을 것 같다고 생각한다

7. 체육을 잘 못하는 친구에 대해 드는 생각은 무엇인가요?(　　)
   ① 팀 활동에서 도움이 안 될 것 같다
   ② 협동 활동도 잘 못할 것 같다
   ③ 다른 역할에서는 잘할 수 있다고 생각한다
   ④ 함께 하면 불리할 것 같다고 느낀다

8. 쉬는 시간에 혼자 있는 친구를 보면 어떤 생각이 드나요?(　　)
   ① 친구가 없어서 외로울 것 같다
   ② 성격이 이상할 것 같다
   ③ 혼자 있는 걸 좋아할 수도 있다고 생각한다
   ④ 다가가면 싫어할 것 같다

9. 선생님께 자주 혼나는 친구를 보면 어떻게 느끼나요?(　　)
   ① 항상 문제를 일으키는 아이라고 생각한다
   ② 성격이 나쁘다고 생각한다
   ③ 상황이나 이유가 있을 수 있다고 생각한다
   ④ 가까이하지 않는 것이 좋다고 생각한다

10. 나와 취미나 좋아하는 것이 다른 친구를 보면 어떤 생각이 드나요?(　　)
   ① 나와는 잘 안 맞을 것 같다
   ② 친구가 되기 어려울 것 같다
   ③ 달라서 더 재미있을 수도 있다고 생각한다
   ④ 함께 놀 게 없을 것 같다고 느낀다

2) 걱정 콘서트

'걱정 콘서트'는 아이들이 자신의 걱정을 안전하게 표현하고, 친구의 마음에 따뜻하게 응답하는 경험을 통해 공감과 지지의 교실 문화를 만들어 가는 활동입니다. 말하기가 부담스러운 학생도 참여할 수 있도록, 쪽지 기반의 간접 소통 방식으로 운영한다는 점이 특징입니다.

아이들은 요즘 마음을 무겁게 하는 걱정이나 고민을 쪽지에 적습니다. 크고 작은 걱정 모두 괜찮다는 안내와 함께, 솔직하게 쓸 수 있는 분위기를 먼저 마련합니다. 이후 친구들은 쪽지를 읽고 응원과 격려의 메시지를 다시 적어 전달합니다. "힘내", "네 마음 이해해" 같은 짧은 문장도 충분한 위로가 될 수 있음을 알려 주는 것이 중요합니다.

이 과정에서 학생들은 걱정의 무게가 사람마다 다를 수 있음을 자연스럽게 배우고, 비슷한 고민을 가진 친구와는 연결감과 동질감을 경험합니다. 또한 자신의 걱정을 드러내고 존중받는 경험은 학생에게 심리적 안정감을 키우며, 교실 안에 '마음을 숨기지 않아도 되는' 안전한 분위기를 형성합니다.

걱정 콘서트는 특별한 준비물 없이 쪽지 한 장으로도 시작할 수 있는 실천적 마음교육 활동입니다. 교사는 평가하거나 해결하려 들기보다, 학생들이 서로의 이야기를 존중하며 듣고 응답하는 태도를 배우도록 안전한 규칙과 언어의 기준을 안내하는 역할을 맡습니다.

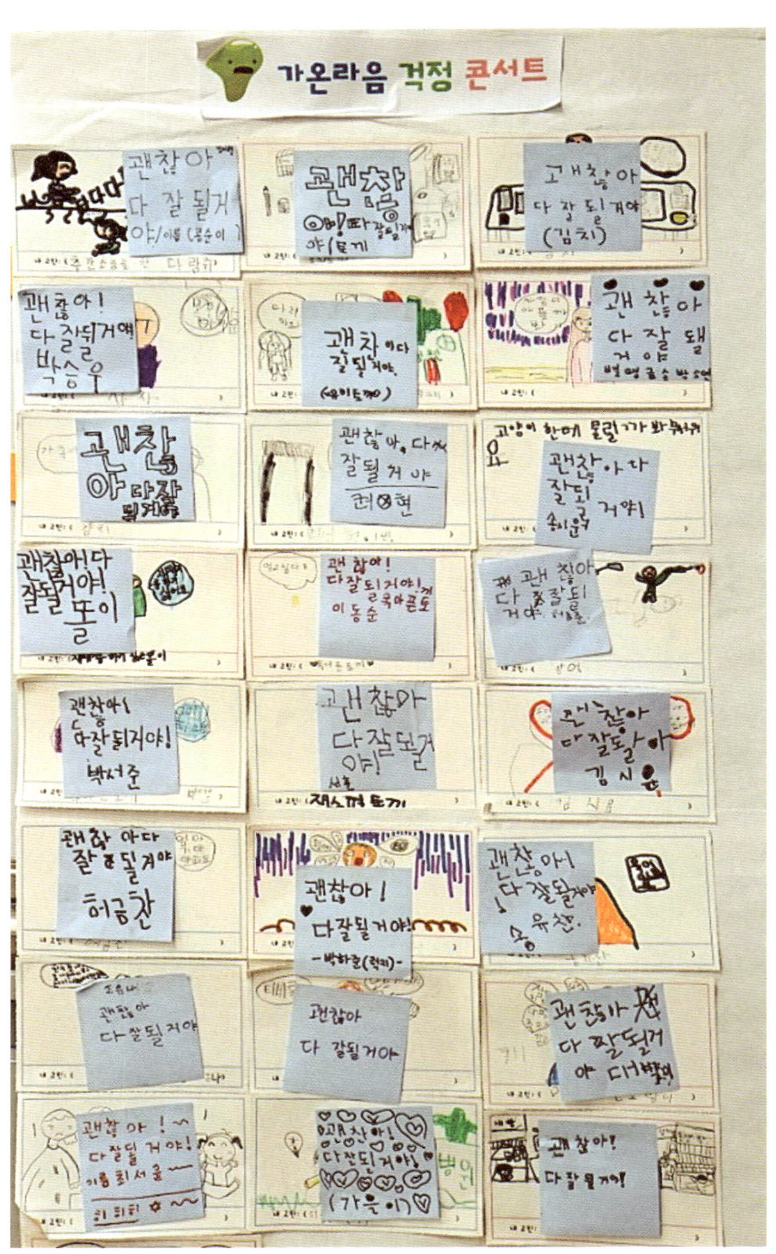
가온라음 걱정 콘서트

3) 특별함을 이해하는 공감 독서

〈특별함을 이해하는 공감 독서〉는 그림책을 통해 겉모습만으로 타인을 판단하기보다, 행동 뒤에 숨은 마음과 상황을 헤아리며 '관점 취하기(입장 바꾸기)'를 연습하는 사회 인식 활동입니다. 이 활동에서는 그림책 『뭔가 특별한 아저씨』를 읽으며 겉으로 드러나는 외모나 행동을 평가하기보다 "왜 그런 행동을 했을까?", "그때 아저씨는 어떤 기분이었을까?"와 같은 질문을 통해 행동의 맥락과 감정에 주목하도록 안내합니다. 아이들은 이야기를 따라가며 자신도 모르게 만들어 낸 추측과 판단을 점검하고, 타인의 다름을 '이상함'이 아니라 '이해의 대상'으로 바라보는 시선을 키워 갑니다.

더 나아가 이러한 공감 독서 경험은 교실 밖 삶으로도 이어집니다. 아이들은 일상에서 마주치는 낯선 행동이나 다른 모습 앞에서 "왜 저럴까"라는 판단보다 "무슨 사정이 있었을까"라는 질문을 먼저 떠올리게 됩니다. 이는 갈등을 줄이고, 오해를 회복으로 바꾸는 힘이 됩니다. 결국 『뭔가 특별한 아저씨』를 함께 읽고 나누는 시간은 한 권의 책을 끝내는 활동이 아니라, 서로의 다름을 존중하며 함께 살아가는 공동체의 언어를 배우는 과정입니다.

뭔가 특별한 아저씨

1. 『뭔가 특별한 아저씨』에 나오는 아저씨 대해 설명해보세요.

2. 아저씨가 조금 특별하다고 느껴지는 이유는 무엇인가요?

3. 아저씨의 특별함 때문에 생긴 어려움이나 오해는 무엇이었나요?

4. 아저씨의 경계가 흔들리는 장면에서, 아저씨의 마음은 어땠을까요?

4. 관계 관리(Relationship Management)

마음교육에서 말하는 관계기술은 타인과 건강하고 존중하는 관계를 형성 · 유지하며, 갈등이 생겼을 때 대화로 조정하고 회복할 수 있는 능력입니다. 여기에는 경청과 의사소통, 공감 표현, 협력과 팀워크, 도움 요청 · 제공, 경계 설정과 존중, 갈등 해결과 화해 같은 구체적인 기술이 포함됩니다.

따라서 관계기술은 '사이좋게 지내기' 같은 태도 수준에 머무르지 않습니다. 서로 다름을 인정하되, 그 차이 속에서 상대의 마음을 읽고 내 마음을 안전하게 전하며, 상황에 맞는 방식으로 함께 문제를 풀어가는 실천 역량입니다. 학급에서는 학생들이 감정과 요구를 말로 정리해 전하고(I-message 등), 상대의 말을 끊지 않고 듣고, 의견이 다를 때도 존중의 언어로 조율하며, 갈등 이후에는 책임과 회복의 과정을 밟는 경험을 반복해야 합니다.

결국 마음교육의 관계기술은 학생들이 교실에서부터 신뢰를 쌓고, 갈등을 학습의 기회로 바꾸며, 공동체 안에서 안전하게 연결되는 힘을 기르도록 돕는 핵심 역량입니다.

1) 마음 보석 닦기

사람과 사람을 이어주는 힘은 눈에 보이는 기술이나 제도보다, 서로의 마음을 나누는 관계에 대한 책임을 함께 지는 태도에서 비롯됩니다. 〈마음 보석 닦기〉는 이 책임의 의미를 1인 1역(학급 역할)과 연결하여, 학생들이 공동체 속에서 자신의 기여를 돌아보고 그 경험을 말로 정리하도록 돕는 활동입니다.

학급에서 1인 1역은 단순한 업무 분담이 아니라, "나는 우리 안에서 어떤 역할을 하고 있는가?"를 배우는 과정입니다. 아이들은 맡은 일을 해내며 교실이 함께 돌아간다는 감각을 얻고, 책임이 '해야 하는 일'이 아니라 '함께 살아가기 위한 약속'임을 이해하게 됩니다. 여기에 〈마음 보석 닦기〉가 더해지면, 역할 수행은 행동에서 멈추지 않고 내면의 성장으로 이어집니다.

활동의 핵심은 하루를 마무리하며 자신에게 묻는 짧은 성찰입니다. "오늘 나는 내 역할을 어떻게 해냈을까?", "내 행동이 친구들에게 어떤 영향을 주었을까?"와 같은 질문을 통해 아이들이 자신의 선택을 돌아보고, 작은 실천이 공동체에 남긴 의미를 발견합니다. 교사는 이 성찰이 '평가'가 아니라 '성장'으로 향하도록, "오늘의 마음 보석은 어떤 색이었나요?", "내일 더 반짝이게 하려면 무엇을 해볼까요?"와 같은 질문으로 경험을 가치와 태도로 연결해 주면 좋습니다.

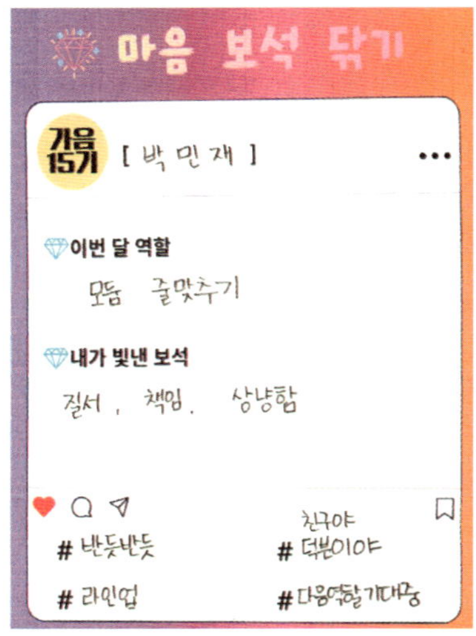

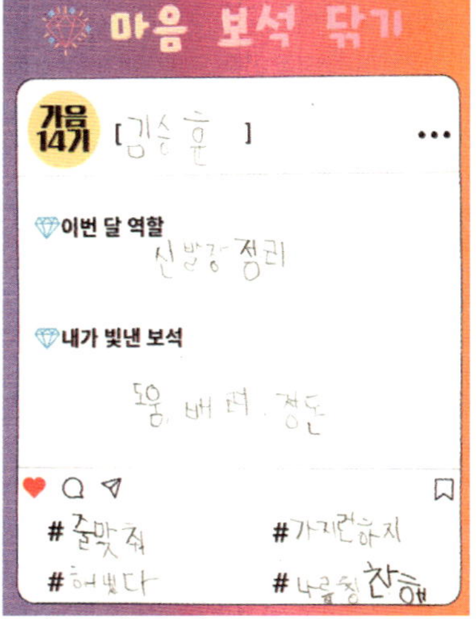

이렇게 1인 1역과 〈마음 보석 닮기〉가 함께 운영하면, 교실은 '일을 나누는 공간'을 넘어 서로의 마음이 자라고 책임이 문화가 자리 잡는 성장 공동체가 됩니다.

2) 마음 약국

〈마음 약국〉은 친구의 마음을 듣고, 따뜻한 말을 '처방'하며 서로를 응원하는 힘을 기르는 활동입니다. 교실에서 아이들은 종종 속상함이나 걱정을 품고도 말로 꺼내지 못할 때가 있습니다. 마음 약국은 그 마음을 안전하게 꺼내어 놓고, "나는 혼자가 아니구나"라는 경험을 쌓게 해 주는 관계 중심 마음교육 활동입니다.

먼저 속상하거나 힘들었던 경험을 떠올린 후 여러 이미지 카드(풍경, 동물, 인물 표정, 색채 그림 등) 중에서 자기 마음과 가장 닮은 카드를 한 장 고르고, "왜 이 카드를 골랐는지"를 짧게 이야기합니다. 이 과정에서 아이들은 자신의 감정을 말로 붙잡는 연습을 하고, 친구의 이야기를 들으며 서로의 마음을 이해하는 폭을 넓혀 갑니다.

이후에는 '마음 약국'의 핵심 활동이 이어집니다. 친구의 이야기를 끝까지 들은 뒤, 그 친구에게 전하고 싶은 응원 한마디를 활동지에 적어 줍니다. 여기서 중요한 것은 충고나 해결책을 주는 말보다, 마음을 인정하고 곁을 내어주는 말입니다. 예를 들어 "그랬구나, 너 정말 애썼다.", "네가 그렇게 느낄 수 있어", "괜찮아, 나는 네 편이야"처럼 짧지만 따뜻한 문장이 약이 됩니다.

활동지는 한 방향으로 돌려가며 모두의 메시지를 받고, 마지막에는 다시 자신의 활동지가 돌아옵니다. 아이들은 친구들이 남긴 말을 조용히 읽으며 위로와 지지를 느끼고, 자신이 존중받는 존재라는 감각을 키워 갑니다.

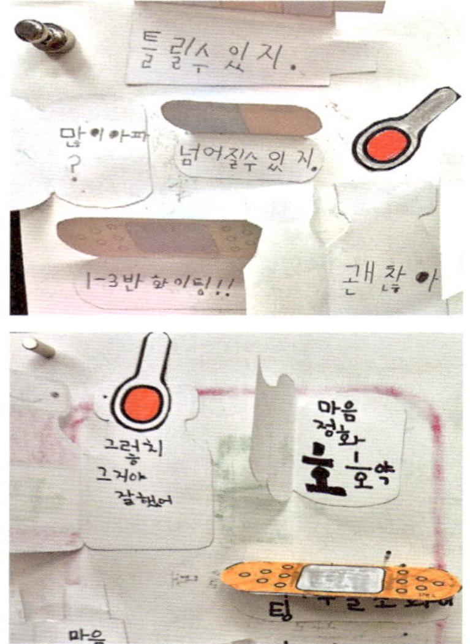

3) 신뢰 쌓기 팀빌딩 놀이

〈신뢰 쌓기 팀빌딩 놀이〉는 단지 공동의 결과물을 완성하는 활동이 아닙니다. 아이들이 함께 시도하고 조율하는 과정에서 협력의 가치를 배우고, 서로의 존재를 인정하며 성취감을 쌓아가는 데 핵심이 있습니다.

활동 도구는 반드시 특별할 필요가 없습니다. 시중의 교구를 활용해도 좋지만, 종이컵 · 고무줄 · 노끈처럼 일상에서 쉽게 구할 수 있는 재료만으로도 충분히 의미 있는 협동 활동을 운영할 수 있습니다. 중요한 것은 '무엇을 만들었는가?'가 아니라 '어떻게 함께 해냈는가?'입니다.

이 과정에서 아이들은 성공과 실패를 넘어 공동의 목표를 향해 힘을 모으는 경험을 하며, 예상대로 되지 않는 상황에서도 서로를 탓하기보다 격려하고 다시 시도하는 긍정적 의사소통 방식을 익히게 됩니다.

교사는 결과를 평가하기보다 과정 속 상호작용을 비추어 주는 안내자가 되어야 합니다. "누가 잘했니?"가 아니라 "어떤 방법으로 서로 도왔니?", "의견이 달랐을 때 어떻게 조정했니?"와 같은 질문을 통해, 아이들이 협력 · 배려 · 공동체적 책임을 경험으로 체득하도록 돕는 것이 필요합니다.

협력 블록 쌓기

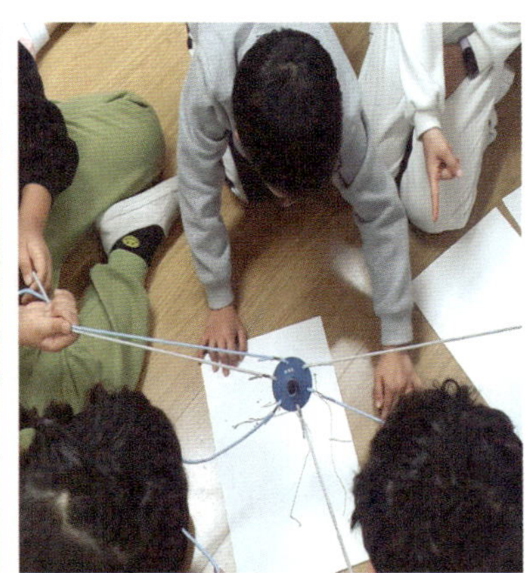
협력 글자 쓰기

4) 비밀 친구 프로젝트

〈비밀 친구 프로젝트〉는 교실에서 흔히 활용되는 마니또(수호천사) 활동을 교육적으로 재구성한 프로그램입니다. 기존의 마니또 활동은 친구를 위해 좋은 말이나 행동을 해야 한다는 인식은 형성되지만, 실제 교실 상황에서는 구체적인 실천으로 이어지기 어렵고, 학생들이 행동을 어색해하거나 형식적으로 참여하는 한계가 있었습니다.

이에 비해 비밀 친구 프로젝트는 학생들이 실천할 수 있는 다양한 '미션'을 제시하고, 그중에서 자신이 충분히 실천할 수 있다고 느끼는 활동을 선택하여 미션판에 기록하도록 구성되어 있습니다. 이러한 방식은 학생 스스로 행동의 난이도를 조절할 수 있게 하여 실천 가능성을 높이고, 활동에 대한 부담감을 줄여 줍니다.

학생들은 비밀 친구를 위해 미션을 하나씩 수행할 때마다 빙고판에 기록하며 성취감을 경험하게 됩니다. 빙고판을 완성하면 프로젝트의 약 80%가 달성된 것으로 간주하여, 과정 중심의 참여와 지속적인 실천을 자연스럽게 유도합니다. 활동의 마무리 단계에서는 프로젝트 기간 동안 비밀 친구를 위해 실천했던 행동들을 되돌아보고, 그 마음을 담아 짧은 편지를 작성하며 활동을 정리합니다.

비밀 친구 프로젝트는 타인을 위한 작은 배려를 의도적으로 연습하는 과정으로, 학생들이 공동체 구성원으로 해야 할 역할을 인식하도록 돕습니다. 이를 통해 교실 안에서 긍정적인 상호작용이 강화되고, 친구 간의 신뢰와 유대감이 점차 단단해지는 교육적 효과를 기대할 수 있습니다.

내가 너의 수호천사가 되어줄게
비밀친구 프로젝트
이름 [ ]
다 짐
저는 이 활동에 앞서
다음과 같은 규칙을 꼭 지키겠습니다.
첫째, 나의 비밀 친구를 부모님, 선생님, 친구 등
다른 사람에게 절대 말하지 않겠습니다.
둘째, 내 비밀 친구는 물론 다른 친구에게도
다정하게 대하겠습니다.
셋째, 내 비밀 친구 미션을 할 때는
티나지 않게 도와주겠습니다.
넷째, 나의 비밀 친구라고 생각되는 친구에게
친절을 강요하지 않습니다.
위 약속을 잘 지켜 참여할 것을 약속합니다.
20[ ]년 [ ]월 [ ]일 [ ]요일
활동 참여 어린이 [ ] (서명)
<비밀친구 미션 안내>
레벨 ★
악수하기, 눈 보며 인사하기,
식사 맛있게 하라고 하기
레벨 ★★
물건 빌려주기, 양보하기, 도와주기
도와주기, 감사 쪽지 전달하기,
자리 정리 도와주기
레벨 ★★★
장점 3가지 적어서 전달하기,
기분좋은 말 해주기, 웃게 하기,
다른 친구 앞에서 칭찬해주기
레벨 ★★★★
책상 서랍 정리해주기,
책상 닦아주기
레벨 ★★★★★
칭찬과 사랑이 듬뿍 담긴
편지 써서 전달하기
레벨 ★★★★★★
친구에게 너무 잘하고 있다고
격려하는 말하며 어깨 두드리기
이 중 9가지를 골라
뒷면의 미션 빙고판을 채우세요
미션! 나는 너의 비밀친구
✔ 미션을 실천하고 빙고판에 꼭 체크하기!
나의 비밀 친구에게
너의 비밀친구 [ ]가

5. 책임 있는 의사결정 (Responsible Decision Making)

우리는 삶 속에서 크고 작은 선택을 반복하며 살아갑니다. 책임 있는 의사결정이란, 그 순간의 감정이나 개인적 이익만을 기준으로 결정하는 것이 아니라 안전과 윤리, 규칙과 책임, 타인의 권리와 공동체의 선, 그리고 선택의 결과를 함께 고려해 행동을 선택하는 역량입니다. 또한 결정 이후에는 그 결과를 돌아보고, 필요하다면 더 나은 선택으로 조정해 가는 태도까지 포함합니다.

학교에서 아이들이 가장 먼저 경험하는 공동체는 학급입니다. 학급 운영 과정에서 학생들은 "내가 원하는 것"과 "함께 살아가기 위한 기준" 사이에서 균형을 찾는 연습을 하게 됩니다. 예를 들어 학급 규칙을 함께 정하고, 갈등 상황에서 여러 대안을 비교하며, 모두에게 공정하고 안전한 해결책을 선택하는 경험은 책임 있는 의사결정의 실제적 훈련이 됩니다. 이때 아이들은 상황에 따라 양보와 배려가 필요할 때도 있고, 원칙과 공정성을 지켜야 할 때도 있음을 배우며, 다수의 의견과 소수의 권리가 함께 존중되는 결정이 무엇인지 익힙니다.

교사는 이러한 과정을 우연에 맡기지 않고 의도적으로 설계할 필요가 있습니다. 선택의 기준을 분명히 하게 하고(예: 안전 · 존중 · 공정), 대안의 결과를 예측해 보게 하며, 결정 이후에는 "우리의 선택이 잘 작동했는가?"를 함께 성찰하도록 돕는 것입니다. 이러한 경험이 누적될 때 학생들은 교실을 넘어 삶 속에서도 공동의 선을 고려하며 책임 있게 판단하고 행동하는 시민으로 성장할 수 있습니다.

1) 딜레마! 책임 있는 선택 챌린지

〈딜레마! 책임 있는 선택 챌린지〉는 서로 바람직한 가치들이 충돌하는 상황에서 스스로 사고하고 판단하며 선택해 보는 활동으로, 마음교육의 책임 있는 의사결정 역량을 기르는 데 목적이 있습니다. 실제 삶의 문제는 정답 하나로 해결되기보다, 정직과 우정, 개인의 자유와 공동체의 안전처럼 가치 간 균형을 요구하는 선택으로 나타나는 경우가 많습니다. 이 활동은 이러한 현실의 갈등 상황을 교육적으로 재구성하여, 학생이 안전한 교실 환경 속에서 다양한 관점을 탐색하도록 돕습니다.

활동 과정에서 학생은 '무엇을 선택할 것인가?'에 머무르지 않고, '왜 그 선택이 책임 있는가?'를 근거로 설명합니다. 이때 교사는 옳고 그름을 판정하기보다, 학생이 선택의 기준(공정 · 존중 · 안전 · 배려 등)을 세우고 가능한 결과와 영향을 예측하도록 질문으로 안내합니다. 결정 이후에는 "이 선택이 공동체에 어떤 영향을 주었을까?", "다음에는 무엇을 보완하면 좋을까?"와 같은 성찰 질문을 통해 책임을 끝까지 연결하도록 돕습니다.

또한 자기 생각을 표현하고 타인의 입장을 경청하며 조정하는 과정을 포함하므로, 자연스럽게 민주적 의사결정 경험으로 확장됩니다. 서로의 다름을 존중하면서도 공동체의 관점에서 더 나은 선택을 모색하는 과정은 학생이 공동체의 일원으로서 책임 있게 판단하는 힘을 기르는 토대가 됩니다.

〈딜레마! 책임 있는 선택 챌린지〉는 가치 충돌 상황을 분석하고, 근거를 들어 선택하며, 결과를 돌아보는 과정을 통해 자율적이면서도 책임 있는 의사결정 능력을 키워 주는 마음교육 활동입니다. 이러한 학습은 학생이 학교 안팎의 다양한 상황에서 성숙한 판단을 내리고, 자신의 삶을 주체적으로 이끌어가는 힘으로 이어집니다.

관계 약속 중심	
딜레마 상황	**생각 질문**
친구와 놀기로 했는데, 집에서 먼저 숙제하라고 하셨어요. 어떻게 할까요?	약속(친구)과 책임(숙제) 중 둘 다 지키는 방법은 무엇일까요?
	"미리 말하기"는 왜 책임일까요?
내가 빌려온 책의 페이지가 찢어졌어요. 말할까요, 그냥 둘까요?	들키지 않으면 괜찮을까요, 신뢰는 어떻게 될까요?
	"사실대로 말하기"가 어렵지만 필요한 이유는 무엇일까요?
쓰레기를 주웠는데, 손이 더러워질까 봐 그냥 지나가고 싶어요.	나의 불편함과 공동체의 깨끗함 중 무엇을 어떻게 균형 잡을까요?
	"혼자서 다 하지 않기"도 책임일까요?
내가 하기로 한 우리 반 일일 도우미 일을 깜빡했어요. 그냥 모른 척할까요?	실수는 누구나 합니다. 중요한 건 그다음 행동일까요?
	"모른 척"이 우리 반에 남기는 영향은 무엇일까요?
친구의 물건을 만지다 망가졌어요. 크게 티가 나지 않는데 친구에게 이야기할까요?	'티가 안 남'과 '괜찮음'은 같은 말일까요?
	이 상황에서 가장 지켜야 할 기준은 정직, 존중, 책임 중 무엇일까요?

공동체, 정의 윤리적 판단 중심	
딜레마 상황	**생각 질문**
교실 청소 구역이 마음에 들지 않아요. 바꿔 달라고 할까요, 맡은 일은 끝까지 할까요?	'불만 말하기'와 '책임'은 같이 갈 수 있을까요?
	바꿀 때는 무엇이 공정한 기준일까요? (순번, 난이도, 건강상 이유 등)
시험에서 친구가 부정행위를 했어요. 모른 척할까요, 알릴까요?	이 상황에서 지켜야 할 가치는 정직일까요, 우정일까요, 둘 다일까요?
	"알린다"의 목적은 벌주기일까요, 공정함을 지키기일까요?
반에서 친구가 놀림당하고 있는데, 그 상황을 그냥 지나칠까요, 말릴까요?	'가만히 있기'도 선택일까요? 그 선택은 누구에게 어떤 영향을 줄까요?
	내가 직접 말리기 어렵다면 어떤 도움 행동을 할 수 있을까요?
학교 행사 준비 중 실수가 있었는데, 내가 아니라 다른 친구가 오해받고 있어요.	실수 자체보다 더 중요한 것은 어떤 태도일까요?
	오해를 바로잡는 것이 왜 공동체에 필요할까요?
모둠 활동에서 한 친구가 아무 일도 하지 않았는데, 이름을 넣을까요?	'공정함'과 '관계'가 충돌할 때, 우리는 어떤 방식으로 해결할 수 있을까요?
	이름을 넣거나 빼기 전에, 참여할 기회를 주는 것이 왜 필요할까요?

2) 우리 반 업그레이드 약속 만들기

<우리 반 업그레이드 약속 만들기>는 학급이 더 안전하고 행복한 공동체가 되기 위해, 학생들이 스스로 문제를 발견하고 대안을 비교한 뒤, 공동의 결정을 내리는 책임 있는 의사결정 활동입니다. 아이들 역시 "더 나은 교실에서 살고 싶다"라는 바람을 지니고 있으며, 그 바람은 교사 한 사람의 노력만이 아니라 학급 구성원 모두의 참여와 선택을 통해 현실이 됩니다.

활동은 지난 학기(또는 이전 학급)에서 아쉬웠던 점을 돌아보며 시작합니다. 이때 중요한 것은 불평을 나열하는 것이 아니라, "무엇을 바꾸고 싶은가?"를 구체화하고 "왜 그것이 필요한가?"를 공동체의 관점에서 설명하는 과정입니다. 학생들은 '불편함 – 원인 – 해결 대안'을 정리한 뒤, 각 대안이 가져올 결과와 부담(시간 · 노력 · 규칙 변화 등)을 함께 따져 보며 가장 적절한 선택을 찾아갑니다.

학급이 합의한 내용은 더 나은 우리 반을 위한 <업그레이드 약속>

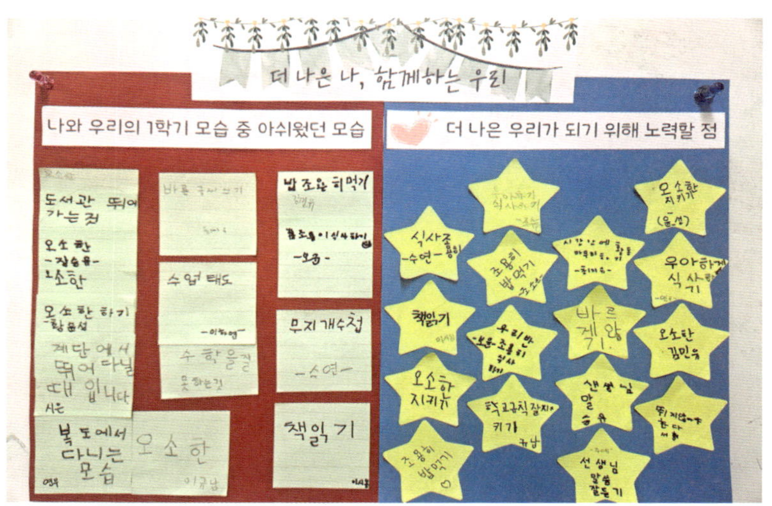

으로 정리해 교실에 게시하고, 일정한 주기로 실천을 점검합니다. 이 과정은 학생들에게 "규칙은 주어지는 것"이 아니라 "함께 만드는 것" 임을 경험하게 하며, 스스로 내린 결정에 책임을 지고 조정해 가는 태도를 길러줍니다.

6. 마음건강

마음은 주변 환경의 영향을 크게 받으며, 작은 말과 사건에도 흔들릴 수 있습니다. 그러나 마음은 '무작정 강해지는 것'이 아니라, 돌보고 회복하는 경험을 반복할 때 건강해집니다. 그래서 마음교육의 마음건강은 아이들이 자신의 감정을 알아차리고, 필요할 때 쉬거나 도움을 구하며, 다시 균형을 회복하는 생활 습관을 익히도록 돕는 데 초점을 둡니다.

마음이 건강해진다는 것은 늘 밝고 기분 좋은 상태를 뜻하지 않습니다. 힘든 감정이 올라와도 그것을 억누르지 않고 안전하게 표현할 수 있으며, 나를 진정시키는 방법을 알고, 관계 속에서 지지와 연결을 경험하는 상태를 말합니다. 감사와 긍정 정서를 키우는 활동, 의미 있는 목표를 세우고 작은 성취를 누적하는 경험, 몸과 마음을 쉬게 하는 루틴(호흡 · 마음챙김 · 정리 시간) 등이 웰빙을 단단하게 합니다.

이렇게 길러진 마음의 힘은 개인의 행복에서 멈추지 않습니다. 내가 나를 돌볼 줄 알 때, 타인의 마음도 존중할 수 있고, 서로에게 안전한 말과 행동을 선택하며 '우리의 웰빙'을 만들어 갈 수 있습니다. 결국 마음건강의 마음교육은 아이들이 자기 삶을 건강하게 꾸려가는 힘을 기르는 동시에, 서로를 지탱하는 공동체로 성장하도록 돕는 교육입니다.

1) 긍정 확언

사피어와 워프가 제시한 언어 상대성 가설은 우리가 사용하는 언어가 사고의 틀을 만들고, 세계를 바라보는 방식을 규정한다고 봅니다. 이는 긍정 확언과도 깊이 연결됩니다. 아이들이 매일 자신에게 건네는 말은 단순한 표현이 아니라, 자기 인식과 사고를 형성하는 중요한 도구가 되기 때문입니다.

"나는 쓸모없는 사람이야." 등의 자기 부정적 말은 아이들의 마음속에 한계를 그어 버리고, 실제로 도전 의지를 꺾을 수 있습니다. 반대로 "나는 소중한 존재야", "나는 최선을 다하는 사람이야."와 같은 긍정 확언은 아이들의 사고를 가능성의 방향으로 열어 주고 자신을 신뢰하게 만듭니다. 즉, 어떤 언어를 사용하느냐가 곧 어떤 마음을 갖고 어떤 행동을 선택하느냐로 이어지는 것입니다.

따라서 교실에서는 아이들이 긍정적인 언어를 의식적으로 선택하고 사용하도록 지도할 필요가 있습니다. 작은 말 한마디가 아이들의 사고를 바꾸고, 그 사고가 다시 감정과 행동을 이끄는 힘이 되기 때문입니다.

교사는 아이들과 함께 이번 주 나에게 해 줄 긍정 확언을 선택하고 매일 아침 또는 하교 직전에 문구와 어울리는 간단한 동작을 더 해 함께 외치도록 운영하면 좋습니다.

이렇게 반복되는 짧은 루틴은 아이들이 의식적으로 자신에게 따뜻한 말을 건네는 습관을 만드는 데 도움이 됩니다.

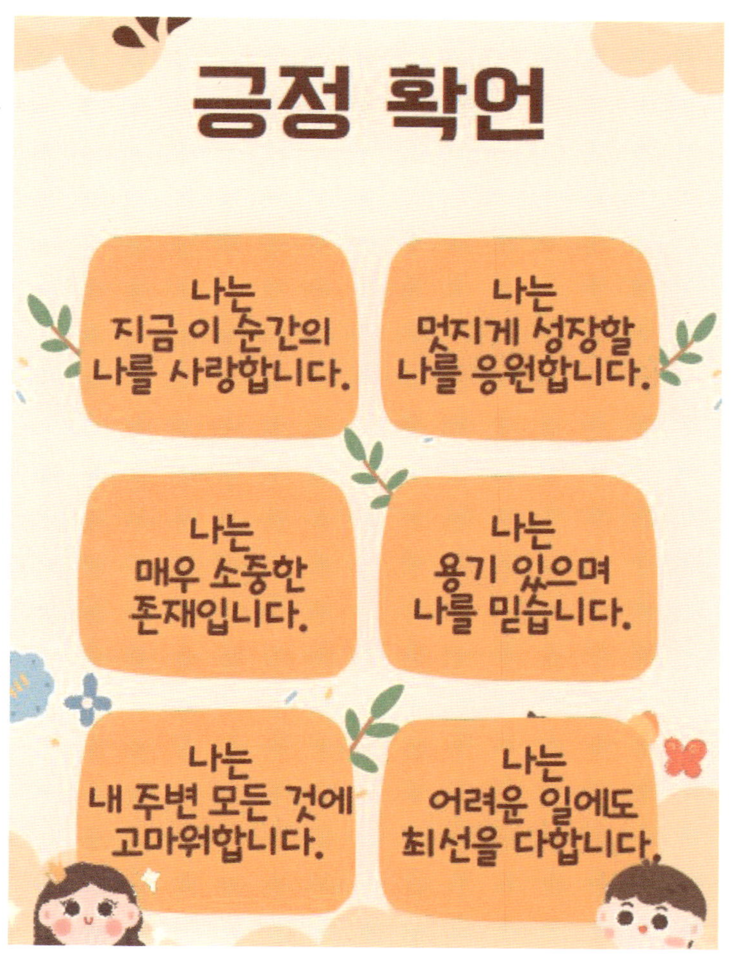

2) 감사 일기

아이들이 흔히 쓰는 일기는 하루 중 기억에 남는 사건이나 감정을 중심으로 자기 경험을 자세히 풀어내는 기록 활동입니다. 감사 일기는 자신의 삶을 되돌아보고 성찰한다는 점에서 일기와 닮았지만, 기록의 초점이 '사건의 재현'이 아니라 '고마움의 발견'에 있다는 점에서 분명한 차이가 있습니다. 감사 일기는 나를 둘러싼 사람과 환경, 상황 속에서 감사의 대상을 찾고 그 이유를 언어로 표현하는 활동으로, 시선을 나 자신에서 세상으로 확장하도록 돕는 교육적 의미를 지니고 있습니다.

감사일기를 처음 지도할 때는 교사의 구체적인 시범을 보여주는 것이 중요합니다. 형식만 안내하기보다, 어떤 대상을 어떻게 바라보며 감사의 이유를 찾아내는지 그 사고의 과정을 함께 보여줄 필요가 있습니다. 이때 감사의 대상은 꼭 사람에만 한정되는 것은 아니며, 나를 편안하게 해 주는 햇살, 숨 쉴 수 있게 해 주는 공기, 하루를 안전하게 지켜주는 교실처럼 자연물과 환경, 사물도 감사의 대상이 될 수 있음을 분명히 안내해야 합니다. 이러한 안내는 아이들이 감사의 범위를 넓히고, 세상을 더욱 섬세하게 바라보는 관점을 기르는 데 도움이 됩니다.

아이들은 감사 일기를 꾸준히 써 나가면서 세상에 '당연한 것'은 없고, 자신을 둘러싼 모든 존재와 환경이 서로 영향을 주고받으며 자신의 삶을 지탱해 주고 있음을 자연스럽게 깨닫게 됩니다. 이러한 경험은 일상의 사소한 순간 속에서도 의미와 가치를 발견하는 힘을 길러주고, 나아가 자신이 관계 맺고 있는 세계에 대한 존중과 책임 의식을 키워 줍니다. 감사 일기는 아이들이 마음을 단단히 다지고, 긍정적인 삶의 태도를 형성해 가도록 돕는 중요한 교육적 도구가 될 수 있습니다.

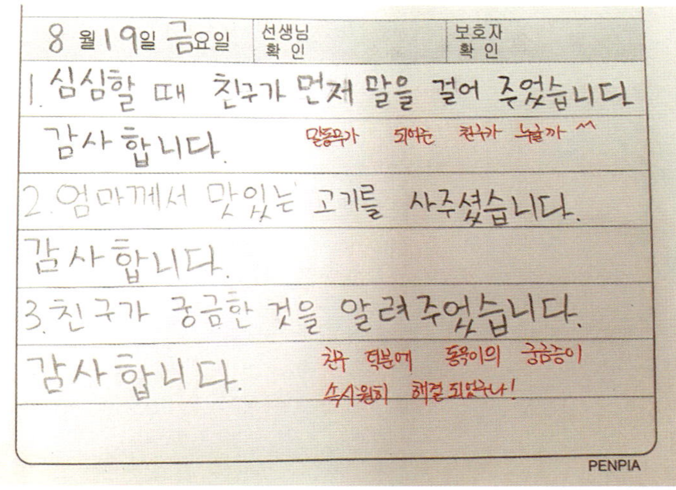
8 월 19일 금요일 | 선생님 확인 | 보호자 확인

1. 심심할 때 친구가 먼저 말을 걸어 주었습니다

감사합니다. 말동무가 되어준 친구가 누굴까 ^^

2. 엄마께서 맛있는 고기를 사주셨습니다.

감사합니다.

3. 친구가 궁금한 것을 알려주었습니다.

감사합니다. 친구 덕분에 동욱이의 궁금증이 속시원히 해결되었구나!

PENPIA

Part 4

교실 속 마음교육 이야기

이야기 ①

가을에 심은 나무는 소리 없이 자란다 : 애물단지가 보물단지가 되기까지

교직 생활을 하다 보면, 유독 마음의 무게를 견디기 힘든 해가 있습니다. 저에게는 6학년 담임을 맡았던 그해, 이름만 떠올려도 가슴 한구석이 아릿해지는 한 아이가 그랬습니다. 그 아이는 다문화 가정의 자녀로, 4살이라는 어린 나이에 어머니가 도망치듯 집을 떠난 상처를 안고 있었습니다. 오빠의 비행과 아버지의 거친 양육 방식 속에서 아이가 배운 것은 '세상은 적대적이며, 어른은 믿을 수 없다.'라는 서글픈 생존 법칙뿐이었습니다.

아이의 반항은 상상을 초월했습니다. 저뿐만 아니라 교과 선생님, 심지어 교감, 교장 선생님께도 거침없이 입에 담기도 힘든 욕설을 내뱉었습니다. 어느 날은 제가 칠판에 판서하던 중, 교실 뒷자리에서 앉아있던 이 아이가 태연하게 액상 담배를 피우는 것이 아니겠습니까? 그 모습에 온몸의 피가 거꾸로 흐르는 듯한 충격을 받기도 했습니다. 학교 밖에서도 문제는 끊이지 않았습니다. 편의점 절도, 지하철 무임승차, 공원에서의 협박 사건 등으로 경찰서에서 수시로 연락이 왔고, 중학교 일진들과 어울리며 위태로운 줄타기를 이어갔습니다.

그 아이와 보낸 1년은 '교육'이라기보다 '버티기'에 가까웠습니다. 수업은 고사하고 사고 없이 하루를 마치는 것조차 기적 같았습니다. 마음을 열어보려

수없이 다가갔지만 돌아오는 건 날 선 반응뿐이었습니다. 결국 아이는 졸업식조차 오지 않은 채 학교를 떠나는 듯 졸업했습니다. 그 아이와의 교감이 '0'에 가까운 한 해를 보내야 했습니다. 졸업식 당일 제가 준 마음들이 모두 허공으로 흩어져 사라졌다고 생각하며 텅 빈 교실에서 허탈함을 달래야 했습니다.

그런데 이듬해 5월, 기적 같은 일이 일어났습니다. 스승의 날을 맞아 그 아이가 교실로 저를 찾아온 것이었습니다. 그러나 예전의 그 거칠었던 모습은 온데간데없고, 아이는 함께 온 친구들이 먹고 남긴 간식 쓰레기를 조용히 치우기 시작했습니다. 그것도 모자라 교실 구석구석의 쓰레기까지 모두 모아 쓰레기 창고에 버리고 오는 것이 아니겠습니까? 제가 알던 그 아이가 맞는지 제 눈을 의심할 수밖에 없었습니다.

모두가 떠나고 단둘이 남았을 때, 아이는 쑥스러운 듯 고개를 떨구며 나지막이 말했습니다. "선생님, 작년에 저를 많이 배려해 주신 거 다 알고 있어요. 감사했어요. 그 얘기를 꼭 하고 싶어서 남았어요."

그 한마디에 지난 1년의 고단함이 눈 녹듯 사라졌습니다. 저는 큰 깨달음을 얻었습니다. '관계'라는 것은 우리가 원하는 시기에 즉각적으로 이루어지는 것이 아닐 수도 있다는 사실을 말입니다. 어떤 아이는 봄에 꽃을 피우지만, 어떤 아이는 차가운 바람이 부는 가을에 심겨 긴 겨울을 견뎌낸 뒤에야 비로소 뿌리를 내리는 법이었습니다.

제 눈앞의 아이는 저에게 '애물단지'가 아니라, 세상을 향한 믿음을 배우기 위해 긴 진통을 겪고 있던 소중한 '보물단지'였습니다. 이 아이를 통해 저는 교사로서의 성장이란 아이의 변화를 당장 끌어내는 능력이 아니라, 보이지 않는 곳에서 자라고 있을 아이의 진심을 믿고 끝까지 기다려 주는 '인내의 사랑'임을 배웠습니다. 지금, 이 순간에도 보이지 않는 성장을 이어가고 있을 모든 '가을 나무' 같은 아이들에게, 여전히 넉넉한 곁을 내어주고 싶습니다.

이야기 ②

녹음기 너머에 숨겨진 상처
: 불신의 벽을 허문 3분의 기다림

새 학기를 앞둔 3월의 첫날은 설렘보다 두려움으로 시작되었습니다. 아이들을 만나기도 전, 제가 맡게 된 한 남학생에 대한 우려 섞인 전화가 세 통이나 걸려 왔기 때문입니다. 같은 아파트에 사는 학부모들은 놀이터에서 벌어진 끔찍한 사건을 전해주었습니다. 가족들과 평화로운 저녁 시간을 보내던 중, 우리 반 남학생이 나뭇가지를 꺾어 다른 아이의 목덜미를 내리찍어 구급차가 출동했던 사건이었습니다. 동료 선생님들조차 아이의 차가운 눈빛을 보며 "사이코패스 같다."라는 말을 서슴지 않을 정도로, 그 아이를 둘러싼 공기는 서늘하기만 했습니다.

학기가 시작되자 아이는 수업 시간마다 흐름을 끊었습니다. "화장실 가도 돼요?", "보건실 가도 돼요?"라며 끊임없이 밖으로 나가려 했습니다. 저는 아이의 요구를 무조건 막기보다 '욕구 지연' 방법을 선택했습니다. "그래, 가고 싶구나. 하지만 딱 3분만 이 활동을 마무리하고 가볼까?"라며 아이의 마음은 90% 수용하되, 스스로 조절할 수 있는 시간을 아주 조금씩 늘려갔습니다. 그렇게 몇 달간 인내하며 아이의 마음 언저리를 맴돌았습니다.

그러던 6월의 어느 날, 아이가 불쑥 제 곁으로 다가와 생각지도 못한 고백을 건넸습니다. "선생님, 이제는 제가 선생님 수업이랑 하시는 말씀 들을 녹음하지 않아도 될 것 같아요."

순간 등줄기에 소름이 돋았습니다. 3월 첫날부터 지금까지, 제가 하는 일거수일투족을 녹음해 어머니께 보고하고 있었다는 것입니다. 어머니께서 이제는 녹음을 그만해도 좋다고 하셨다는 말을 전하는 아이의 얼굴을 보며 만감이 교차했습니다. 처음에는 감시당했다는 사실에 당혹스러웠지만, 이내 가슴 한구석이 미어져 왔습니다. '이 아이가, 그리고 이 부모님이 얼마나 많은 상처를 받았으면 세상을 이토록 믿지 못하게 되었을까.' 아이를 감시자로 만든 것은 그동안 그들을 할퀴고 지나간 어른들의 날 선 시선이었음을 깨닫게 된 것입니다.

그날 이후, 기적 같은 변화가 시작되었습니다. 마음의 빗장을 푼 아이는 수업 시간에 누구보다 독창적이고 재미있는 아이디어를 내놓는 보석 같은 존재가 되었습니다. 주변 선생님들께서도 "아이의 표정이 정말 온화해졌다.", "교과 시간에도 너무 잘 참여한다"라며 칭찬을 아끼지 않으셨습니다. 아이의 얼굴에서 그늘이 걷히고 그 자리에 생기가 돋아나는 과정은 경이로움, 그 자체였습니다.

졸업식 날, 저보다 훌쩍 커버린 그 아이는 저를 꽉 안아주었습니다. "선생님, 그동안 저 때문에 정말 고생 많으셨어요. 꼭 다시 찾아뵐게요."

아이의 넓은 품 안에서 저는 제가 가르친 것보다 배운 것이 더 많았음을 느꼈습니다. 그 아이는 저에게 '문제아'가 아니라, 교사로서 아이들을 바라보는 새로운 '창'을 열어 준 스승이었습니다. 아이들의 문제행동은 어쩌면 자신을 지켜달라는 비명이자, 세상을 향한 간절한 노크일지도 모른다는 사실을 저는 그해 깊이 체득했습니다. 교사로서 한 뼘 더 성장하게 해 준 그 아이의 따뜻한 포옹을 저는 평생 잊지 못할 것입니다.

이야기 ③

영원한 겨울로 떠난 어린 꽃 : 어느 소망이 남긴 뼈아픈 약속

교실 창가에 봄볕이 가득하던 3월의 첫날, 한 아이가 유난히 긴 소매를 꽉 움켜쥔 채 자리에 앉아있었습니다. 그 부자연스러운 몸짓을 보는 순간, 저는 직감할 수 있었습니다. 아이의 소매 아래에는 차마 누구에게도 보이지 못한 자해의 흔적들이 겹겹이 쌓여 있을 것이라는 서늘한 진실을 말입니다. 이미 작년부터 중학생 일진들과 어울린다는 소문이 무성했던 아이였습니다.

그날부터 아이와의 긴 상담이 시작되었습니다. 아이의 경계심은 성벽처럼 높았지만, 저는 포기하지 않았습니다. 교실 한구석에 팝콘과 음료를 준비해 두고, 몇 날 며칠을 그저 곁에 머물며 대화를 이어갔습니다. 한 달쯤 지났을까요. 아이는 비로소 굳게 닫혔던 마음의 빗장을 풀며 말했습니다. "선생님, 저는 어른들을 증오해요. 그런데 선생님은 조금 다른 것 같아요." 그 말이 신호탄이 된 듯 아이는 공부에 열을 올리며 평범한 일상을 꿈꾸는 듯했습니다.

하지만 세상의 유혹은 아이의 연약한 의지보다 강했습니다. 중학교 일진들이 아이를 가만두지 않았고, 아이는 다시 그들의 늪으로 빠져들어 가출을 일삼았습니다. 어느 날 밤은 지옥과도 같았습니다. 밤늦게부터 새벽까지 대구 세 곳, 밀양 두 곳, 그리고 부산까지…. 지역을 달리하며 경찰서에서 밤새도록 연락이 걸려 왔습니다. 돌아오고 다시 일탈하기를 반복하는 그 위태로운 숨바꼭질 속에서도 아이는 저에게 이렇게 말했습니다. "선생님이 제 말을 들어준 첫 사람이었어요." 그 한마디가 제 가슴을 후벼 팠습니다.

졸업식 날, 아이는 다른 친구들이 다 떠난 뒤 몰래 교실로 찾아왔습니다. 직접 구운 과자와 인형, 그리고 정성 어린 편지를 건네며 아이는 수줍게 웃었습니다. "선생님, 저 열심히 공부해서 꼭 상담 선생님이 될 거예요. 그래서 선생님 앞에 다시 나타날게요. 응원해 주세요." 저는 아이의 그 예쁜 꿈이 꼭 이루어지길 간절히 기도하며 아이를 보냈습니다.

중학교에 진학한 후에도 우리는 연락을 이어갔습니다. 하지만 아이는 다시 흔들리기 시작했고, 끝내 이겨내지 못했습니다. 어느 날, "선생님, 세상에는 진정 내 편이 있을까요?"라는 뼈아픈 질문을 마지막으로 남긴 채, 아이는 안타깝게도 짧은 생을 마감했습니다.

그 소식을 듣고 이틀 밤낮을 꼬박 울었습니다. 마음이 무너져 내리고 세상이 원망스러웠습니다. 그토록 예쁘고 착했던 아이가, 어른들의 세상에서 끝내 꽃피우지 못하고 져버린 것이 너무나 고통스러웠습니다.

지금도 겨울바람이 불어오면 소매를 꼭 잡고 있던 그 아이가 생각납니다. 하지만 저는 이제 슬퍼하고만 있지 않기로 했습니다. 마음 아픈 아이들을 만날 때마다 저는 그 아이를 떠올립니다. '그래, 다시는 너와 같은 일이 일어나지 않도록 선생님이 너의 몫까지 다해서 아이들의 마음을 지킬게.'

이 아이가 남기고 간 아픈 물음은 저에게 평생의 사명이 되었습니다. 아이들의 마음을 살피고 보듬는 일은 단순한 지도가 아니라, 한 생명을 구하는 일이라는 것을요. 저는 오늘도 교실 문을 열며 다짐합니다. 모든 아이가 "내 편이 있다."라고 믿으며 안심하고 꽃피울 수 있는 교실을 만들겠노라고 말입니다.

이야기 ④

조립된 마음의 조각들 : '부적응'이라는 편견을 넘어선 동행

새 학기를 앞두고 교무실에 감도는 긴장감은 대개 '그 아이'의 이름에서 시작되곤 합니다. 제가 6학년 담임을 맡았을 때 만난 아이도 그랬습니다. 태블릿 PC가 없으면 단 1분도 수업에 참여하지 못하고, 기기를 뺏으려던 선생님께 태블릿을 던지는가 하면 말리던 친구들에게 상해까지 입혔던, 이미 전 학년에 소문이 자자한 아이였습니다. 부모님 또한 학교에 대한 깊은 불신으로 폭언을 일삼으셨기에, 모든 교사가 그 아이를 맡지 않으려 학급편성 봉투 앞에서 숨을 죽였습니다.

운명의 장난처럼, 제비뽑기 결과 10년 차가 넘은 후배 여교사가 그 아이를 맡게 되었습니다. 망연자실하며 눈물짓는 후배의 모습을 보며 제 마음속에 묵직한 울림이 전해졌습니다. "이 아이는 내 반이 될 운명이었구나." 이미 학급편성 관련해서 결재가 난 상황이었지만, 저는 여러 이유를 들어 제가 그 아이의 담임이 되겠노라고 자처했습니다. 그렇게 우려와 기대가 뒤섞인 일년살이가 시작되었습니다.

첫날, "반가워"라는 저의 인사에 아이는 삐딱한 자세로 대충 고개를 숙이고 지나쳤습니다. 차가운 벽이 느껴졌지만, 저는 아이의 주변을 맴돌며 2주간 세

심하게 관찰과 대화를 시작했습니다. 그리고 마침내 아이의 마음으로 들어가는 열쇠를 찾아냈습니다. 아이는 무언가를 조립하고 만드는 일에 유독 눈을 반짝였습니다. 저는 즉시 수업 설계에 조립 활동을 접목했습니다. 그리고 아이에게 조심스럽게 제안했습니다.

"이번 수업은 조립이 핵심인데, 너만큼 잘하는 사람이 없을 것 같아. 선생님 보조 교사가 되어 줄래?"

수업 당일, 교실에는 놀라움의 함성이 터져 나왔습니다. 아이의 정교하고 빠른 조립 속도에 친구들은 넋을 잃고 바라보았고, 여기저기서 "와, 대박이다!", "나 이것 좀 도와줘!"라는 요청이 쇄도했습니다. 누군가에게 도움이 필요한 존재가 되었다는 자존감은 아이를 완전히 바꾸어 놓았습니다. 태블릿 PC 없이도 아이는 수업에 몰입하기 시작했고, 친구들과 소통하는 기쁨을 알아갔습니다. 그 변화는 멈추지 않았고, 전교생이 천 명이 넘는 대규모 학교에서 당당히 2학기 전교남부회장으로 당선되는 기적 같은 결실을 보았습니다.

이 아이를 통해 저는 뼈아픈 진실 하나를 마주했습니다. 우리가 흔히 말하는 '부적응'이란, 사실 아이의 문제가 아니라 그 아이를 온전히 담아내지 못하는 어른들의 '불편함'에서 비롯된 것일지도 모른다는 사실을 말입니다. 어른의 기준이라는 틀에 아이를 억지로 꿰맞추려 할 때는 보이지 않던 것들이, 아이의 마음속으로 걸어 들어가는 순간 새로운 세상이 되어 펼쳐졌습니다.

저는 이제 부적응이라는 꼬리표가 붙은 아이들을 두려워하지 않습니다. 오히려 그 아이들이야말로 저에게 다른 이들은 결코 보지 못할 '이해의 깊이'와 '마음의 넓이'를 가르쳐준 귀한 스승임을 알기 때문입니다. 삐딱하게 고개를 숙이고 지나가던 그 소년은 이제 제 마음속에, 언제든 다시 조립하고 고쳐 나갈 수 있는 희망의 보물단지로 남아 있습니다.

이야기 ⑤

뉴스 속의 '교실 난동' 사건 : 진심 어린 '사과'가 되기까지

교실에서의 무력행사와 난동으로 뉴스에까지 보도되었던 아이. 주변 학교들이 이름만 들어도 몸서리를 치던 그 아이가 현재 우리 학교로 반강제적으로 전학을 오게 되었습니다. 우연히 친분 있는 교장 선생님과 통화를 하던 중, '** 사건'의 주인공이 6학년으로 올라간다는 소식을 접했습니다. 저는 직감했습니다. '내가 이 학교에 가면, 분명 이 아이를 맡게 되겠구나.' 운명처럼 그 아이와 저의 1년살이는 그렇게 시작되었습니다.

첫날, "반갑다. 우리 1년 동안 행복하게 지내자"라는 저의 인사에 돌아온 것은 싸늘한 침묵이었습니다. 눈을 가린 머리카락 사이로 어른을 향한 불신과 적개심이 가득한 표정이 읽혔습니다. 짝다리를 짚고 주머니에 손을 꽂은 채, 담임을 보고도 한 박자 늦게 손을 빼는 아이의 행동에는 세상에 대한 삐딱함이 가득 묻어 있었습니다.

저는 아이와 마주 앉아 미리 준비한 고구마떡을 나누어 먹으며 천천히 대화를 시작했습니다. 겉으로 보기엔 부유한 사업가 부모님을 둔 부족함 없는 아이였지만, 실상은 부모님과 떨어져 대구 이모 밑에서 외롭게 생활하고 있었던 것이었습니다. 아이의 분노는 결국 '결핍'에서 온 것이었습니다. 저는 어머니께 전화해 끈질기게 설득했습니다.

"어머니, 지금 아이에게 가장 필요한 것은 돈이 아니라 어머니의 온기입니다. 올라오셔서 함께 지내주셔야 합니다."

제 진심이 통했는지 어머니가 올라와 아이와 함께 지내기 시작하자, 아이의 매서웠던 눈빛이 조금씩 부드러워지기 시작했습니다.

물론 학교폭력 사건은 계속되었고 아이들의 경계심도 여전했습니다. 하지만 저는 아이가 가진 의외의 면에 주목했습니다. 사회와 정치 문제에 유독 관심이 많았던 아이에게 수업 시간에 주도적으로 발표할 기회를 주었고, 따뜻한 피드백을 보냈습니다. "정말 날카롭고 좋은 분석이다"라는 친구들의 반응까지 이어지자, 아이의 아침 인사가 달라졌습니다. 먼저 말을 걸어오고, 굳게 닫혔던 관계의 문이 열리기 시작했습니다. 주변 선생님들조차 "아이 표정이 정말 많이 바뀌었다."라며 놀라워하셨습니다.

졸업식 날, 어머니는 눈물을 흘리며 감사의 마음을 전하셨습니다. 아이는 이전 학교 친구들을 잔뜩 불러와 제 앞에 세우더니 "내가 말한 좋으신 선생님이야"라며 저를 소개했습니다. 낯선 아이들 앞에서 조금 쑥스럽기도 했지만, 1년 동안, 이 아이가 저를 얼마나 자랑스럽게 생각했을지 생각하니 가슴이 뭉클해졌습니다.

진정한 기적은 중학교 진학 후 어느 봄날에 찾아왔습니다. 과거 교실 난동 사건 당시 담임 선생님으로부터 장문의 메시지가 온 것입니다. 그 아이가 직접 찾아와 사과했는데, 그 태도가 너무나 진심 어린 것이어서 큰 충격과 함께 큰 감동을 받았다는 내용이었습니다. "도대체 1년 동안 아이를 어떻게 보듬으셨기에 이런 변화가 가능한가요?"라는 물음에 저는 한참 동안 깊은 생각에 잠겼습니다.

그 아이에게 너무나 고마웠습니다. 아이들은 어른이 준 진심을 잊지 않고, 언젠가 더 큰 진심으로 되돌려준다는 사실을 다시 한번 배웠습니다. '부적응'이라는 이름표 뒤에 가려진 아이의 진심을 믿고 끝까지 품어주는 것, 그것이 우리 어른들이 해야 할 가장 숭고한 역할임을 오늘도 가슴 깊이 새겨봅니다.

이야기 ⑥

폭풍우가 남긴 단단한 뿌리 : 시련 속에 증명된 진심의 힘

교직 생활을 하다 보면 때로는 감당하기 버거운 거대한 파도가 밀려올 때가 있습니다. 5학년 담임을 맡았던 그해, 제가 마주한 파도는 '아동학대 고소'라는 이름의 처절한 시련이었습니다. 이미 학교 안팎에서 수많은 분란을 일으키기로 유명했던 삼 남매 중 한 아이가 우리 반이 되었을 때부터 예고된 고난이었을지도 모릅니다.

그 아이는 도벽이 심했습니다. 친구 집에 놀러 가 몰래 도어락 비밀번호를 알아낸 뒤 침입해 물건을 훔치는가 하면, 친구의 소중한 물건을 부러뜨리고 찢는 일이 반복되었습니다. 아이를 바로잡기 위해 학부모님과 상담 약속을 잡았던 그날 새벽, 믿기지 않는 일이 벌어졌습니다. 학부모님이 저를 14가지 이유를 들어 아동학대 교사로 고소한 것입니다.

이른 아침부터 학교와 교육청은 발칵 뒤집혔고, 저는 출근하자마자 아이들과 분리되어 조사받아야 했습니다. 교사로서 쌓아온 모든 명예가 한순간에 무너져 내리는 듯한 참담한 심경이었습니다. 하지만 진실은 외면받지 않았습니다. 평소 꼼꼼히 기록해 둔 상담록, 학부모와 주고받은 메시지, 음성 녹음본, 그리고 무엇보다 저를 믿고 진술해 준 스물여섯 명 아이의 목소리가 고소 내용이 모두 거짓임을 명명백백히 밝혀주었습니다.

학교 측에서는 무고죄로 맞고소를 강력히 권유했습니다. 하지만 저는 그러지 않았습니다. 제가 그 부모를 고소한다면, 그 모든 고통의 화살은 결국 그 집의 아이들에게 돌아갈 것이 뻔했기 때문입니다. 그 아이가 겪어야 할 가혹한 운명을 차마 제 손으로 만들 수는 없었습니다.

이후에도 학부모의 협박은 계속되었습니다. 교육계에서 저를 퇴출하겠다며 엄포를 놓았고, 아이를 강제 입원시킨 뒤 위염 진단서를 들이밀며 제가 준 스트레스 때문이라고 주장했습니다. 합의금을 요구하며 다른 학부모들을 찾아가 저를 모함하기도 했습니다. 그러나 기적 같은 일이 일어났습니다. 제가 평소 아이들을 대하는 진심을 지켜봐 왔던 학부모님들은 단 한 명도 그 모함에 동조하지 않았습니다. 오히려 저의 곁을 든든히 지켜주셨습니다.

결국 그 가족은 전학을 선택했고, 나중에 들려온 소식에 의하면 다른 학교에서도 똑같은 일을 반복하고 있다고 하더군요. 고소당할 당시에는 정말 숨을 쉴 수 없을 만큼 힘들었지만, 그 시간을 통과하며 저는 비로소 안도했습니다. 내가 평소 아이들을 사랑으로 대했던 마음을 아이들과 다른 학부모님들이 온전히 알아주고 계셨다는 사실 때문이었습니다.

이 사건은 저를 이전보다 훨씬 더 단단한 교사로 만들어 주었습니다. 당시에는 죽을 것 같은 고통이었지만, 돌아보니 그 시련은 교사로서 나의 정체성이 어디에 있는지, 내가 가야 할 방향이 어디인지를 다시금 확인하게 해 준 소중한 이정표였습니다. 이제 저는 어떤 풍파 앞에서도 흔들리지 않을 자신감을 얻었습니다. 진심은 절대 사라지지 않으며, 가장 어두운 밤에 나를 지켜주는 가장 밝은 별이 된다는 사실을 이 아픈 경험을 통해 배웠기 때문입니다.

이야기 ⑦

빨간 볼펜의 비명에서 행복한 책상까지 : 마음을 닦아내는 기다림

초등학교 2학년, 아직은 아기 같은 티를 벗지 못한 조그만 아이들을 만나는 설렘으로 가득해야 할 학기 초였습니다. 하지만 그 아이를 처음 만난 날, 저는 소스라치게 놀랄 수밖에 없었습니다. 그 작은 체구에서 뿜어져 나오는 눈빛은 결코 여덟 살 아이의 것이 아니었기 때문입니다. 첫 수업 시간, 아이는 갑자기 양손에 붉은 볼펜을 움켜쥐더니 책을 사정없이 내리찍었습니다. 그러고는 찢긴 책장을 마구 돌리며 교실이 떠나가라 소리를 질렀습니다.

"나는 분노조절장애가 있단 말이에요!"

쩌렁쩌렁한 그 외침에 교실은 일순간 싸늘한 정적에 휩싸였습니다. 아이들은 공포에 질려 몸을 움츠렸습니다. 다음 날은 더 기막힌 일이 벌어졌습니다. 자신을 노려봤다는 이유로 신발장에서 친구의 실내화에 오줌을 싸서 신지 못하게 만든 것이었습니다. 피해 학생의 어머니가 학교로 달려와 항의하시는 등, 저의 하루하루는 마치 살얼음판 위를 걷는 것처럼 위태롭고 위태로웠습니다.

저는 학교의 긴급 상담 프로그램을 연계해 부모님과 함께 전문 상담을 진행하는 한편, 저만의 처방전을 시작했습니다. 틈만 나면 그 아이의 조그만 손을 꼭 잡고 운동장을 돌았습니다. 아무 말 없이 그저 함께 걷기도 하고, 아이의 소소한 이야기를 들어주기도 했습니다. 그렇게 석 달을 눈 맞추고 발을 맞추자, 기적처럼 아이의 눈빛이 조금씩 돌아오기 시작했습니다. 부모님 또한 상담에 적극적으로 참여하며 아이의 무너진 마음을 회복하는 데 온 힘을 보태주셨습니다.

6월 말에 접어들자, 아이는 몰라보게 안정되었습니다. 거칠었던 눈빛은 생기로 가득 찼고, 수업 시간에는 누구보다 손을 높이 들고 즐겁게 참여하는 아이가 되었습니다. 친구들도 이제는 이 아이에 대한 경계를 풀고 먼저 다가와 손을 내밀었습니다. 모두가 회피하고 두려워하던 아이가 사실은 누구보다 똑똑하고 사교성 넘치는 보석이었다는 사실이 증명되는 순간이었습니다.

저는 매일 아침 아이가 오기 전, 고무장갑을 끼고 정성스럽게 그 아이의 책상을 닦았습니다. 얼룩을 지우듯 아이의 아픈 기억도 닦여 나가길 바라는 마음이었습니다. 깨끗해진 책상을 보며 저는 아이에게 속삭이듯 말하곤 했습니다.

"OO야, 오늘은 이 깨끗한 책상에서 즐거운 공부도 하고, 친구들이랑 행복하게 많이 놀렴. 선생님이 언제나 널 응원할게."

고무장갑을 끼고 아이의 책상을 닦는 것이 그 아이를 향한 나의 최소한의 '마음교육'의 실천이라는 생각이 들었습니다. 아이의 거친 외침이 "나는 아파요, 나를 좀 봐주세요"라는 신호로 읽혔기 때문입니다.

이 아이를 통해 저는 아이들의 마음을 어루만지는 일이 교육의 시작이자 끝임을 다시금 절감했습니다. 아이를 돕는 과정은 곧 저 자신을 돕는 과정이기도 했습니다. 아이를 사랑하는 마음의 근육이 부쩍 자라난 것을 느꼈기 때문입니다. 이제 그 아이는 제 기억 속에 '분노'가 아닌, 아침 햇살을 받으며 환하게 웃던 '희망'의 얼굴로 남아 있습니다.

에필로그

마음을 가르친다는 것은 아이들의 순간을 함께 살아내는 일입니다. 수업을 마치고 교실 문을 닫는 순간, 우리 마음에 남는 것은 대개 '수업 내용'이 아니라 아이들의 '얼굴'입니다.

손을 들었다가 끝내 내리지 못한 아이, 아무렇지 않은 척 웃었지만, 눈가는 젖어 있던 아이, 괜한 장난으로 분위기를 흐리던 아이, 말없이 책상에 엎드려 있던 아이…. 그 얼굴들을 뒤로하며 우리는 자신에게 묻습니다.

"오늘, 나는 이 아이들의 마음을 얼마나 보았을까?"

교사는 늘 바쁩니다. 마음을 꺼내 돌볼 틈조차 없을 만큼 일상은 빠듯합니다. 수업과 생활지도, 기록과 공문, 회의와 상담까지. 교실 밖의 요구는 매일 늘어만 갑니다. 그 소란함 속에서 아이들의 마음은 생각보다 자주, 그리고 깊게 흔들립니다. 겉으로는 태연해 보여도 속으로는 끊임없이 묻고 있습니다. '여기는 안전한가? 실수해도 괜찮을까? 내 마음을 말하면 누가 들어줄까?'

우리는 이 질문을 온몸으로 받아내는 사람입니다. 그래서 마음교육은 교육과정에 더해진 '추가 과제'가 아닙니다. 교사의 하루를 지켜내는 방식이자, 오늘 교실에서 살아 움직이는 말과 태도로 함께 겪어내야 할 유기체입니다.

교실의 날씨를 결정하는 사람

교실은 늘 고유한 날씨를 품고 있습니다. 아침에 들어서는 순간, 아이들은 공기를 읽습니다. 선생님의 목소리, 걸음걸이, 표정을 통해 오늘의 교실이 따뜻한지, 혹은 불안한지를 본능적으로 느낍니다. 한 교육자는 이렇게 말했습니다.

"교실에서 결정적인 요소는 '나'이며, 나의 기분이 교실의 날씨를 만든다."

이 말은 교사의 어깨를 무겁게 하려는 의도가 아닙니다. 오히려 여기에서 작은 희망을 발견할 수 있습니다. 교실의 날씨는 어느 날 갑자기 완벽해지는 것이 아니라, 매일 '조금 더 따뜻한 쪽'으로 조정해 나갈 수 있는 것이기 때문입니다.

선생님의 말투가 아이에게는 세상 전체의 말투로 들릴 때가 있습니다. 무심코 건넨 한마디가 아이의 하루를 살리기도 하고, 때로는 더 무겁게 짓누르기도 합니다. 그래서 마음교육은 '무엇을 가르칠까'보다 '어떻게 아이 곁에 머물까'에 가깝습니다. 아이의 마음이 편히 내려앉을 자리를 기꺼이 내어주는 일입니다.

방어가 아닌 배움을 선택하도록

아이들은 성취의 언어보다 관계의 언어 속에서 더 깊이 숨 쉽니다. "잘했어"라는 칭찬도 나쁘진 않지만, 어떤 아이에게는 "고마워"라는 인정이 더 큰 빛이 됩니다. 특히 "괜찮아"라는 말은 단순히 실수를 허용한다는 의미를 넘어, '어떤 상황에서도 너와의 관계를 끊지 않겠다'라는 강력한 약속입니다.

교실의 상처는 큰 사건보다 사소한 말에서 시작됩니다. 말이 급해지고 날카로워질 때, 혹은 판단의 말로 굳어질 때 아이들은 그 말 뒤에 숨은 진심을 읽어냅니다. '선생님은 나를 귀찮아하시는구나.', '나는 언제든 혼날 수 있는 존재구나.' 그때부터 아이는 교실에서 '배움' 대신 '방어'를 선택합니다. 질문 대신 침묵을, 관계 대신 거리를, 도전 대신 회피를 택합니다. 이는 게으름이 아니라 자기 마음을 지키려는 필사적인 생존 방식입니다. 마음교육은 그 떨리는 마음에 대고 이렇게 속삭여 주는 일입니다. "여기서는 방어하지 않아도 돼. 너 자신을 지키면서도 타인과 연결될 수 있단다."

포기하지 않는 어른이라는 존재

아이들은 완벽한 교사를 원하지 않습니다. 자신을 포기하지 않는 어른을 원할 뿐입니다. 한 아이를 포기하지 않는다는 것이 얼마나 큰 결심인지, 얼마나 많은 에너지가 소모되며 마음이 닳는 일인지 우리는 잘 압니다. 그래서 이 다짐은 감동인 동시에 현실의 무게이기도 합니다.

하지만 '포기하지 않기'가 매번 거창한 헌신을 요구하는 것은 아닙니다. 이름을 한 번 더 불러 주는 것, 눈을 맞추는 것, "지금 마음이 어떠니?"라고 묻고 기다려 주는 것. 아이들은 그 짧은 찰나를 평생 기억합니다. 그리고 그 기억은 아이의 마음에 단단한 문장으로 뿌리내립니다. '나는 가치 있는 사람이야. 다시 시작할 수 있어.'

교육을 '미래를 준비하는 일'로만 한정하면 우리는 늘 조급해집니다. 당장 눈에 보이는 결과가 없으면 좌절하기 쉽습니다. 그러나 존 듀이의 말처럼 "교육은 삶을 위한 준비가 아니라, 삶 그 자체"입니다.

교실은 아이들의 '나중'을 만드는 곳임과 동시에, '지금, 이 순간'을 함께 지켜주는 곳이어야 합니다. 지금의 한숨과 불안이 '나중에 해결할 문제'로 밀려날 때 아이들은 고립됩니다. 마음교육은 아이의 '지금'을 구조하는 일입니다. 마음을 알아차리고, 말로 표현하며, 관계 속에서 무너지지 않도록 붙들어 주는 태도 그 자체입니다.

3월, '넘기는' 달이 아닌 '심는' 달

많은 이들이 "3월만 잘 넘기면 된다"라고 말합니다. 하지만 3월은 '넘기는 달'이 아니라 '심는 달'입니다. 아이들이 새로운 환경에 긴장하듯 교사 역시 새로운 관계에 부담을 느낍니다. 하지만 바로 그때가 교실의 방향을 가장 부드럽게 잡을 수 있는 적기입니다.

아이들은 한 번 "이 교실은 위험해"라고 느끼면 긴 방어 기제에 들어가지만, "여기는 안전해"라는 믿음이 생기면 비로소 마음을 펼쳐 보입니다. 이 안전함은 거창한 이벤트가 아니라 매일의 공정함, 일관된 태도, 따뜻한 경청이 쌓여 만들어집니다. 어쩌면 마음교육의 핵심은 교실에서 '사람을 사람으로 대하는 법'을 회복하는 일일지도 모릅니다.

아이들은 '학생'이기 전에 '사람'입니다. 기분이 있고, 사정이 있으며, 두려움과 소망을 가진 존재입니다. 아이가 말을 꺼내지 못하고 멈칫하는 순간을 선생님이 알아채 주었을 때, 아이는 존재의 인정을 경험합니다.

"그랬구나.", "마음이 힘들었겠구나."

이 공감이 바탕이 될 때 지도는 통제가 아닌 성장의 문이 됩니다. 아이들은 혼나서 변화하는 것이 아니라, 안전하다고 느낄 때 변화하고 성장합니다. 문제행동은 '나쁜 마음'이 아니라 '아픈 마음'의 표현입니다. 표현이 서툴러서, 혹은 불안해서 공격하거나 도망치는 아이들에게 우리는 말해주어야 합니다. "그 행동이 너의 전부는 아니야. 너는 다시 선택할 수 있어."

동시에 선생님께도 이 문장이 필요합니다. "오늘이 힘들었어도 다시 시작할 수 있습니다. 완벽하지 않아도 괜찮습니다. 아이를 포기하지 않듯, 선생님 자신도 포기하지 마세요."

마치며

교육이 세상을 바꾼다는 말은 때로 아득하게 들립니다. 하지만 교실에서는 그 기적이 매일 작게 증명됩니다. 누군가의 하루가 바뀌고, 말이 부드러워지며, 처음으로 "미안해"라고 손을 내미는 순간들이 그렇습니다. 넬슨 만델라는 교육이 세상을 바꾸는 가장 강력한 무기라고 했습니다. 그 무기가 지식을 쏘는 도구가 아니라, 상처를 덜어내고 사람을 살리는 힘이기를 바랍니다.

이 책의 끝에서 저는 특별한 기법이나 방법론을 남기지 않으려 합니다. 선생님은 이미 충분히 잘해오고 계시기 때문입니다. 대신 이 마음 하나만은 꼭 나누고 싶습니다. '교실은 아이의 마음이 언제든 돌아올 수 있는 곳이어야 한다'라는 믿음 말입니다.

완벽한 하루는 없습니다. 하지만 교실은 매일 아침 인사 한마디로, 책상 사이를 걷는 발걸음으로, "괜찮니?"라는 짧은 질문으로 다시 시작됩니다. 그 찰나의 순간들이 모여 아이의 삶을 지탱하는 거대한 힘이 됩니다.

아이들은 교과서의 내용은 잊어도, 자신을 귀하게 바라봐 주던 선생님의 눈빛은 절대 잊지 않습니다. 선생님, 오늘도 아이들 곁을 지켜 주셔서 고맙습니다. 선생님이 계신 그 교실이, 누군가에게는 세상에서 가장 따뜻한 집입니다.

참고문헌

- 김현수 외, 「교사를 위한 사회정서학습의 모든 것」, 우리학교
- 교육부 · 질병관리청, 「2024년 청소년건강행태조사」 보도 · 요약(스트레스 인지율 42.3% 등). 경향신문
- 보건복지부, 「2024년 국민 정신건강 지식 및 태도 조사」(정신건강 문제 경험률 73.6% 등). 보건복지부 대표홈페이지
- 보건복지부 보도자료(통계청 「사망원인통계」 인용): 2023년 자살률 27.3. 보건복지부 대표홈페이지
- 언론 종합(공식 통계 인용): 10대 자살률 7.9(10만 명당). 한국시민기자협회
- 초록우산 어린이재단, 「2024 아동행복지수 생활시간조사」(수면시간 7시간 59분). welfare.childfund.or.kr
- 과기정통부 · NIA, 「2024년 스마트폰 과의존 실태조사」(전국 22.9%, 청소년 42.6%). KDI 경제정보센터
- 질병관리청, 「주간 건강과 질병」 청소년 스트레스 추이 분석.
- Durlak, J. A., et al. (2011). Child Development, 82(1), 405 – 432. 대규모 메타분석(학업+정서 · 행동 효과). 질병관리청
- Taylor, R. D., et al. (2017). Child Development, 88(4), 1156 – 1171. 장기추적 메타분석(효과 유지). SNM News
- OECD(2021), Fostering Social and Emotional Skills for Well-

Being and Academic Success. KOSIS

- 국내 연구: 「교과수업과 연계한 학급단위의 사회정서학습」(한국학교심리학회지). 액세스온
- 국내 연구: 「사회정서학습 기반 중학생 인성 집단프로그램 효과성 검증」(KCI).
- KCI 현장 보고: 「사회정서학습, 초등교사들이 말하는 현장의 소리」(SERII 이슈). serii.re.kr
- 정책 동향: 교육부 「사회정서성장지원과」 신설 · 보편적 사회정서교육 추진. 행복한교육

미국의 마음교육

- Collaborative for Academic, Social, and Emotional Learning (CASEL). (2011). The Benefits of School-Based Social and Emotional Learning Programs: Improved Academic Achievement and Behavior. Chicago, IL: CASEL.
- CASEL. (2020). SEL Framework: Core Competencies. Retrieved from https://casel.org/
- Elias, M. J., Zins, J. E., Weissberg, R. P., et al. (1997). Promoting Social and Emotional Learning: Guidelines for Educators. Alexandria, VA: ASCD.
- U.S. Department of Education. (2018). Effective Social and Emotional Learning Programs (Preschool and Elementary School Edition).

영국의 마음교육

- Department for Education (DfE). (2019). Relationships Education, Relationships and Sex Education (RSE) and Health Education: Statutory Guidance. London: DfE.
- PSHE Association. (2020). PSHE Education Programme of Study (Key Stages 1–5). London: PSHE Association.
- Weare, K. (2015). What Works in Promoting Social and Emotional Wellbeing and Responding to Mental Health Problems in Schools?. London: Department for Education.
- Children's Commissioner for England. (2021). The Big Ask: What Children Told Us They Need to Be Happy.

호주의 마음교육

- Australian Government Department of Education. (2018). Australian Student Wellbeing Framework. Canberra: Australian Government.
- The Resilience Project. (2020). Curriculum Guide: Gratitude, Empathy, Mindfulness (GEM) Framework. Melbourne: TRP.
- Noble, T., & McGrath, H. (2016). The PROSPER Framework for Wellbeing Education: Evidence-Based Practice for Student Wellbeing. Australian Journal of Education, 60(2), 146–164.
- Beyond Blue. (2019). Be You: Educators' Wellbeing Toolkit. Melbourne: Beyond Blue.

싱가포르의 마음교육

- Ministry of Education Singapore (MOE). (2014). Character and Citizenship Education (CCE) Syllabus. Singapore: MOE.
- MOE. (2019). Social and Emotional Learning (SEL) Framework. Singapore: Ministry of Education.
- Tan, C. (2020). Educating for Character and Citizenship in Singapore: Moral and Citizenship Education in the 21st Century. London: Routledge.
- Ng, P. T. (2021). Resilience and Character in Singapore Schools: The Role of CCE and SEL. Asia Pacific Education Review, 22(3), 351–365.

핀란드의 마음교육

- Finnish National Agency for Education (EDUFI). (2016). National Core Curriculum for Basic Education. Helsinki: EDUFI.
- Sahlberg, P. (2015). Finnish Lessons 2.0: What Can the World Learn from Educational Change in Finland? New York: Teachers College Press.
- OECD. (2018). Education Policy Outlook: Finland. Paris: OECD Publishing.
- Hietajärvi, L., et al. (2021). Student Well-being and Social-Emotional Learning in Finnish Schools. Helsinki: University of Helsinki.

일본의 마음교육

- 文部科学省 (MEXT, Ministry of Education, Culture, Sports, Science and Technology). (2017).『小学校学習指導要領(平成29年告示)』. 東京: 文部科学省.
- MEXT. (2020). Promoting Moral Education and Ikiru-Chikara ("Zest for Living"). Tokyo: MEXT.
- 中野善達. (2019).『学級経営と生活指導』. 東京: 明治図書.
- 白石正久. (2021).『道徳教育の現在と課題』. 東京: 日本教育学会.
- National Institute for Educational Policy Research (NIER). (2022). Research on Moral and Social Education Practices in Japanese Schools.

인도의 마음교육

- Government of India, Ministry of Education. (2020). National Education Policy (NEP 2020). New Delhi: Government of India.
- Directorate of Education, Delhi. (2018). Happiness Curriculum Framework. New Delhi: Delhi Government.
- NCERT (National Council of Educational Research and Training). (2021). Life Skills and Social-Emotional Learning for Schools. New Delhi: NCERT.
- Singh, K. (2019). Yoga, Mindfulness, and the Indian Approach to Social-Emotional Learning. Journal of Indian Education, 45(3), 22-34.
- The Times of India. (2022, March 15). Delhi's Happiness Curriculum Expands to More States.

- 생각이 남는 이야기 이미지 출처(24쪽, 41쪽, 79쪽, 138쪽) 네이버